AF618254

Marianne Dora Rein

– Das Werk –

Marianne Dora Rein

– Das Werk –

Herausgegeben von
Rosa Grimm

Redaktion
Kai C. Moritz

ERGON VERLAG

Bibliografische Information der Deutschen Nationalbibliothek
Die Deutsche Nationalbibliothek verzeichnet diese Publikation in der Deutschen Nationalbibliografie; detaillierte bibliografische Daten sind im Internet über http://dnb.d-nb.de abrufbar.

Gedruckt auf alterungsbeständigem Papier.
Umschlaggestaltung: Jan von Hugo
Satz: Thomas Breier, Ergon-Verlag GmbH

www.ergon-verlag.de

ISBN 978-3-89913-829-0

Vorwort

Wie und wann erfuhr ich von Marianne Dora Rein, der Würzburger Dichterin?

Gedichte liebte ich schon immer.

1993 besuchte ich deshalb eine Ausstellung im Marbacher Literaturarchiv über Gertrud Kolmar. Im dazu erschienenen Katalog entdeckte ich, dass Jacob Picard in einem Artikel im „Aufbau" vom 8. Mai 1942 über Gertrud Kolmar (deren eigentlicher Familienname Chodziener war) geschrieben hatte:

> „Wir sollten die, die noch drüben sind, im Ungewissen der Gefahr, niemals vergessen. Eine jüdische Dichterin lebt noch dort, die wir nicht vergessen dürfen: Gertrud Chodziener, Tochter des in Berlin einmal sehr bekannten Justizrats. Sie wollte ihren alten Vater nicht allein lassen, ging darum nicht fort. Warum soll gerade an sie erinnert werden? Andere sind auch noch dort: Leo Hirsch, Arthur Silbergleit, Marianne Rein, die Würzburgerin. Sind sie es noch?"

Diese Erwähnung einer Würzburgerin namens Marianne Rein, von der ich noch nie gehört und die Picard doch offenbar als Schriftstellerin erwähnt hatte, erregte meine Aufmerksamkeit.

Ich versuchte also, Näheres zu erfahren.

Im „Biographischen Handbuch Würzburger Juden" von Rainer Strätz ist Hedwig Rein, geb. Schwabacher, aufgeführt und dass sie mit der Tochter am 27.11.1941 nach Riga deportiert wurde. Über die Tochter heißt es weiter:

> „Marianne, geb. 2. Jan. 1911 Genua, ermordet, Schülerin am Mädchenlyzeum M. Schlimbach in Wü. (?); arbeitete zuletzt als Haushaltshilfe."

Als nächstes nahm ich Einsicht in die Gestapo-Akte über Hedwig Rein beim Staatsarchiv Würzburg. Dort erfuhr ich Näheres über die Lebensumstände der beiden Frauen, ein Hinweis auf die schriftstellerische Tätigkeit von Marianne Rein ergab sich nicht.

Hier halfen mir auch Erkundigungen bei ehemaligen Würzburger Juden (z. B. Mordechai Ansbacher) nicht weiter.

1997 erschienen dann, herausgegeben von Johanna Woltmann, die Briefe von Gertrud Kolmar. Aus ihnen erfuhr ich, dass Gertrud Kolmar mit einer jungen Würzburger Dichterin korrespondiert hatte, im Kommentar zur Briefausgabe wird diese als Marianne Rein identifiziert. So wird auch erwähnt, dass Hugo Lachmanski eine Veranstaltung im Jüdischen Kulturbund am 4. Mai 1940 besprochen hatte, bei der Gedichte von Nelly Sachs, Gertrud Kolmar und eben auch Marianne Rein gelesen worden waren.

Im Internet fand ich dann wenigstens die Gedichte, die Marianne Rein in „Der Morgen", der Zeitschrift des Jüdischen Kulturbundes, veröffentlichen konnte – „..." sowie einen Prosatext („Das Märchen von den vier Brüdern") – mein erster Zugang zur Dichterin Marianne Rein!

Und dann die entscheidende Information aus dem Internet: Ich fand heraus, dass der Nachlass von Jacob Picard im Leo Baeck Institut in New York aufbewahrt wird (unter AR 6016) und dass sich dort auch Papiere in Zusammenhang mit Marianne Rein befinden. Sofort schickte ich meinen in New York lebenden Sohn zum Institut und er konnte die 113 dort befindlichen Briefe (195 Blätter) von Marianne Rein an Jacob Picard sowie die vorhandenen Gedichte kopieren und mir senden!!

Nun öffnete sich sozusagen ein ganzes Leben vor mir, Marianne wurde meine Begleiterin, sie faszinierte mich, ließ mich seitdem nicht mehr los.

Gern hätte ich auch andere an dem gefundenen Schatz teilhaben lassen. Aber das Leo Baeck Institut hatte mir die Kopien nur zu meinem privaten Gebrauch überlassen und eine Veröffentlichung ausdrücklich untersagt. Ich gab mich damit nicht zufrieden und fragte erneut nach, wie sich die Copyright- Situation darstelle, bekam aber lange überhaupt keine Antwort. Endlich, nach Einschaltung des Leo Baeck Instituts in Berlin, erhielt ich die Mitteilung, dass Veröffentlichungen der Werke von Marianne Rein möglich seien.

In der Zwischenzeit hatte ich im Internet auf den Seiten von Yad Vashem das Gedenkblatt für Marianne Rein gefunden, sogar mit einem Foto von ihr und als Namen der Einreicherin dieses Gedenkblattes Ruth Eltes in Haifa. Es gelang mir, die 95-Jährige telefonisch in einem Altersheim zu erreichen, und sie lud mich ein, sie zu besuchen. Dies tat ich dann auch ohne Zögern im Januar 2006 und es kam zu einem bewegenden Zusammentreffen mit Ruth Eltes, geb. Meyer, aus alter Würzburger Kaufmannsfamilie, die mich herzlich aufnahm und mir von sich, ihrer Freundschaft mit Marianne Rein und Lisel Steinhardt erzählte; sie übergab mir dabei sogar Briefe von Marianne an sie und Lisel mit Gedichten und auch ihr Poesiealbum mit Eintragungen auch von Marianne. Frau Eltes ist zwischenzeitlich verstorben. Ich behalte sie als Verkörperung kultivierten Würzburger bürgerlichen Judentums in dankbarer Erinnerung.

Über das Leben von Marianne Rein wissen wir nicht allzu viel.[1] Das Wenige ergibt sich aus einigen amtlichen Daten, aus den Gestapo-Akten, aus ihren erhaltenen Briefen, aus den Erzählungen ihrer Freundin Ruth.

Marianne Dora Rein - ihr Rufname war Marianne - wurde am 2. Januar 1911 in Genua geboren. Ihr Vater war dort als Kaufmann tätig, erkrankte aber, die kleine Familie lebte dann von 1915 bis 1917 in Lugano; als Marianne sechs Jahre alt war, starb der Vater, und die Mutter zog mit ihr nach Würzburg, wo ihre Verwandten aus der bekannten Familie Schwabacher lebten. Marianne ging in die jüdische Volksschule - hiervon existiert ein Klassenfoto - , später wohl in das private Mädchenlyzeum M. Schlimbach, eine „Höhere Mädchenschule“ mit Frauenschule. Dort lernte sie wahrscheinlich

1 Vgl. hierzu Edith Raim: „Marianne Rein – eine vergessene jüdische Dichterin aus Würzburg“, in Mainfränkisches Jahrbuch für Geschichte und Kunst, 59, 2007, S. 335-375.

auch stenografieren und Maschinenschreiben. Von einer eigentlichen Berufsausbildung und einer beruflichen Tätigkeit wissen wir nichts. Von einem Zeichenkurs ist in ihrer Korrespondenz einmal die Rede, ebenso von dem Besuch musikalischer Abende, doch spielte sie offenbar selbst kein Instrument.

Ihre Leidenschaft galt wohl schon früh der Literatur, sie las sehr viel und dürfte etwa ab 1936 selbst auch geschrieben haben. Über eine Bekannte, Mala Laaser, die vorher mit dem vom Bodensee stammenden und nun in Berlin lebenden Schriftsteller Jakob Picard verlobt gewesen war, wandte sie sich 1938 erstmals an diesen mit der Bitte, Gedichte von ihr kritisch zu würdigen. Die sich hieraus entwickelnde und immer intensiver werdende Korrespondenz wird bestimmend für Mariannes Leben; der zuerst achtungsvoll angeschriebene Schriftsteller wird zum fernen Geliebten, den sie freilich niemals persönlich kennenlernen sollte und mit dem sie nur ein einziges Mal telefonierte. Ihre Briefe an ihn haben sich in Picards Nachlass erhalten, seine Briefe an sie sind verloren, ausgenommen eine Briefdurchschrift. Aus ihren Briefen ergibt sich ihr hingebungsvolles Bemühen um literarischen Ausdruck, es gehen auch ihre letztlich vergeblichen Bemühungen um eine Auswanderung daraus hervor, dagegen erfahren wir wenig und lediglich in Andeutungen über die sich verschlechternden Lebensumstände von ihr und ihrer Mutter. Nur von erzwungenen Umzügen hören wir und davon, dass sie nun (1940) im jüdischen Altenheim als Haushaltshilfe hart arbeiten muss. Aber sie klagt kaum; allein um Briefe zu ihrer Ermutigung fleht sie ihr „Joggele", wie sie Picard seit längerem nennt, an, als dessen Briefe nach seiner gelungenen Emigration in die USA seltener werden. Insgesamt sind ihre Briefe vor allem das berührende Zeugnis der großen Liebe einer jungen, innerlich einsamen Frau zu einem Manne, den sie nur von seinen Briefen, einem Telefonat, einigen Fotos und aus seinen Dichtungen kennt. Ihr letzter erhaltener Brief stammt vom 7. Oktober 1941. Schon nach ihrem letzten Umzug im September 1941 in ein Zimmer in der Schillerstraße war ihr Hausrat öffentlich versteigert worden. Das Protokoll hierüber in der Gestapoakte listet auf, welche Würzburger für welche geringen Beträge Gegenstände ersteigerten (Beispiel: 1 Fliesenschrank 3 RM, *hier folgt der Name des Ersteigerers*; 1 Stuhl 1 RM, *folgt Name des Ersteigerers*).

Am 27. November 1941 wird sie zusammen mit ihrer Mutter mit dem ersten von Würzburg abgehenden Transport nach Riga deportiert.

Wie sie zu Tode kam, wissen wir nicht. Die Deportierten kamen zunächst in das Gehöft Jungfernhof bei Riga, wo sie unter unmenschlichen Bedingungen bei großer Kälte untergebracht waren. Sie starben an den Entbehrungen oder wurden bei verschiedenen Aktionen erschossen.

Warum lässt Marianne Rein mich nicht los? Wer war diese Marianne Rein?

Für mich ergibt sich aus den Briefen das Bild einer ernsthaften, nachdenkenden und doch lebensfrohen jungen Frau, durchaus humorvoll, im Grunde optimistisch. Sie hatte soziales Empfinden und Mitleid mit Bedürftigen, versuchte auch zu helfen, wenn sie konnte. Treu stand sie bis zuletzt an der Seite ihrer Mutter, die sie niemals allein gelassen hätte.

Mit wachen Sinnen empfing sie alle Eindrücke aus ihrer Umgebung, aus der Stadt am Fluss und aus der Natur, die sie besonders liebte.

Mit Hingabe widmete sie sich der Literatur, sie war außerordentlich belesen, versuchte, von den Großen der Vergangenheit und Gegenwart zu lernen, maß ihr eigenes Schaffen an ihnen. Sie litt an ihrer Isolierung, an der mangelnden Möglichkeit des Austauschs mit Gleichgestimmten. Umso glücklicher war sie deshalb über die Korrespondenz mit der bewunderten Gertrud Kolmar und vor allem über den intensiven brieflichen Kontakt mit Jakob Picard, der sie ganz ausfüllte und in dem sie sich als hinreißende Briefschreiberin erweist. Dabei ergibt es sich, dass, so sehr sie Picard schätzte und schließlich liebte, sie durchaus auch ihm gegenüber Selbstbewusstsein zeigte, ja ihm manchmal an Einsicht und innerer Festigkeit überlegen scheint.

Ich bewundere Marianne Rein dafür, wie sie den einmal eingeschlagenen Weg des Schreibens trotz widriger Umstände, trotz Diskriminierung und zunehmenden Schikanen beharrlich weitergeht, ja all dem in ihrem Werk eine Gegenwelt des Schönen entgegensetzt.

Ihre Ideale waren in der Tat das Wahre, Gute und Schöne und sie steht insofern in der Tradition der großen deutschen Dichter.

Sie litt unter allem Groben in Verhalten und Sprache, als sie sich infolge erzwungener körperlicher Tätigkeit plötzlich in anderer sozialer Umgebung wiederfand.

Ein größerer Gegensatz zwischen dem, was sie verkörperte, und der Entmenschlichung, der sie letztlich zum Opfer fiel, lässt sich kaum denken.

Das von mir normalerweise als gewagt empfundene Bild von dem kleinen, eben erblühenden Pflänzchen, das brutal von einem Stiefel zertreten wird, drückt hier genau das aus, was geschah.

Gertrud Kolmar schreibt in einem Brief vom 14. Juli 1940 an ihre Schwester Hilde Wenzel:

> „… Diese junge Dichterin – d. h. sie zählt etwa 15 Jahre weniger als ich – hatte nach jener Vortragsveranstaltung, da unser beider Gedichte besprochen wurden, sich brieflich an mich gewandt: sie besäße mein Buch, würde aber gern noch mehr Gedichte von mir kennenlernen, und ob ich ihr welche zum Abschreiben schikken wolle? Das tat ich, und wir sind seither miteinander in Verbindung geblieben. Allerdings macht mich diese Sache nicht so recht glücklich; sie ist zweifellos sehr begabt, teilweise noch Hoffnung, zum Teil aber auch schon Erfüllung, ihr Wesen ist anscheinend ganz anders als das meine, indessen würde mir das nicht missfallen – was mir widerstrebt, dass sie darauf besteht, mich als „großes Wundertier", als „Respektsperson", als „Meister" anzureden. Erstens bin ich kein geeignetes Objekt für dergleichen, und zweitens passt es auch gar nicht zu ihrer frischen und forschen Art, mit der sie spricht, wie ihr der Schnabel gewachsen ist (wenigstens empfinde ich das so; man kann sich ja aber auch irren …).Nun, wir stehen ja noch am Anfange unserer Bekanntschaft – wenngleich ich schon fünf Briefe von ihr habe – vielleicht trägt dieser neugepflanzte Baum auch einmal Früchte…"

* * *

Dieses Buch verfolgt keinen wissenschaftlichen Anspruch und es enthält keine literarische Wertung. Ich möchte mit ihm sämtliche mir bekannten Gedichte und Prosastücke von Marianne Rein zu ihrem hundertsten Geburtstage 2011 allgemein zugänglich machen. Dem angefügt sind Auszüge aus Briefen von Marianne Rein, die Auskunft geben über ihr Wesen, ihr Leben in Würzburg, ihre Bestrebungen, ihre Gedanken, ihre Liebe zu Jakob Picard. Es ist daran gedacht, ihre sämtlichen erhaltenen Briefe, auch die an ihre beiden Freundinnen, in voller Länge in einem weiteren Buch zu veröffentlichen.

Bernhard Stengele, dem Schauspieldirektor des Mainfranken Theaters Würzburg, und dem Schauspieler Kai Christian Moritz danke ich herzlich für ihren Einsatz beim Zustandekommen dieses Buches, die ihm beigefügte CD und für die Gestaltung der Gedenkfeier für Marianne Rein am 27. Januar 2011 im Mainfranken Theater in Würzburg.

* * *

Marianne Rein in ihrem Brief vom 11. August 1941 an Jakob Picard:

> „Jakob, es gibt so wenig Menschen und fast gar keine Menschen, die sich bewusst bemühen, gut zu sein. Ich nehme mir jeden Tag vor, gut zu sein, unbestechlich, und dabei wahr zu bleiben und nicht sentimental schwächlich."

* * *

Würzburg, im Oktober 2010

Rosa Grimm

Die Wiedergabe der Gedichte, Prosastücke und Briefe folgt in Rechtschreibung und Zeichensetzung den Originalen der Verfasserin.

Die Gedichte sind, wie schon erwähnt, den Briefen an Jakob Picard, Ruth Meyer und Lisel Steinhardt entnommen. Bereits in „Der Morgen" waren zu Lebzeiten von Marianne veröffentlicht: „Regenwind", „Faltertod", „Stiller Tag", „Nacht über der Großstadt", „Sommerhagel", „Die Liebenden". Dort erschien auch das „Märchen von den vier Brüdern". „Was haben Sie zum Thema Frau zu sagen?" war veröffentlicht In der C.-V.-Zeitung Nr. 25 vom 23. Juni 1938. Die übrigen Prosatexte entstammen den Briefen an Jakob Picard.

Gedichte

Eva

Die Perlenschnur der ewig blauen Tage,
die spielerisch durch deine Hände gleitet
sie hat dir ahnungsvoll den Sinn geweitet.

Wie leiser Nachklang weltenferner Klage
ward dir bewusst die Leere aller Stunden
Dein nutzlos Sein – vom Tage nur gebunden.

Nun lockt die Stimme: Wähle die Erkenntnis!
Versuchung wird zur Probe. Halb erlegen
vorahntest du: vom Fluche strömet Segen.

Sabbath

Nun fällt wie staubiggrauer Aschenregen,
der Woche Last, phantomengleich, zusammen.
Verborg'nen Funkens unsichtbares Glimmen
Wächst lodernd auf zu tageshellen Flammen.

Was sechsfach dich zu Boden hat gezogen.
Geschändet dich, geprägt mit Sklavenstempel
Der siebte Tag löst diesen wüsten Zauber
Tritt ein, in deines Sabbath heil'gen Tempel.

Der siebenfache Kreis hat sich vollendet.
Heut bist du König. Und der Schein der Kerzen,
ihr sanftes Licht, das Schatten zärtlich tiefen.
Erlös' dich von der Unrast tief im Herzen.

Nachtigallenlied

Gleich einer silbernen Fontäne,
die in kristall'nem Tropfenfall
ihr Sein im Sonnengold verschwendet,
tönt der Gesang der Nachtigall.
Wie da, in Farben siebenfältig,
Jedes Atom im Licht versprüht,
So sammeln sich die Zaubertöne
In reiner, flötenzarter Schöne.
Die Brunnenschale: das Gemüt.

Sommerregen

Nun ertönt die Regenharfe.
Windgott spannt die Silbersaiten.
An kristallenklaren Schnüren
Tropfen sanft zur Erde gleiten.

Und des Stammes nasse Schwärze
Wächst aus der smaragd'nen Wiese.
Dunkelgrün in feuchter Schwere
Senkt sein Laub der Kronenriese.

Wie ein magisch Feuer leuchten
dort die perlbetauten Rosen
durch den Silberregenschleier,
der sie hüllt mit sanftem Kosen.

Schlafgesang

Alle Farben verschwimmen. Und über die jubelnde Feier
Des verglühenden Tages ziehen die nachtblauen Schleier
enger zusammen den sternenbestickten Saum.

Über die Brücke zwischen Schlafen und Wachen
Segelt des Mondes traumbefrachteter Nachen.
Und der Mohngott verströmt seinen Zauber im Raum.

An die Nacht

Oh, Nacht breit aus die Schwingen
Und lass dein Lied erklingen
die schwermutvolle Weise.

Der Nebel steigt in Schwaden
Süss geigen die Zikaden
Ein Brunnen rauscht ganz leise.

Des Tages helle Klarheit
Voll Bitternis und Wahrheit
löst sich in blauen Schatten,
die über Hang und Matten
friedvolles Dunkel breiten.

Oktober

Nun ist das Jahr
des Blühens satt.
Am Baume glänzt
Das gold'ne Blatt.

Die Frucht löst leise
sich vom Ast.
Die Luft ist blau.
Die Zeit hält Rast

Der wilde Wein
prangt purpurrot.
Das Jahr stirbt
seinen schönsten Tod.

Die Teppichknüpferin

In das Bildergewebe
knüpft` ich mein Leben ein.
So reift in blühender Rebe
der verborgene Wein.
Wenn im Rausch den Entrückten
Geist des Weines entblösst,
ich ward nie zur Entzückten,
von der Sehnsucht erlöst.

Kamen weissbärtige Männer
kramten im Teppichbazare.
Feilschten – eifrige Kenner –
prüften begehrlich die Ware.
Wärmten kühle Gesichter
an sehnsüchtigen Blicken
Münzen gleissten wie Lichter
und ich beugte den Rücken.

Sanfte, rundhörnige Rinder!
Fremde Kamelkarawanen!
Glöckchen ertönten. Geschwinder
flogen Gewänder, gleich Fahnen.
Als sie vorübergezogen
lauschte ich gierig noch lange,
unter dem dunkelnden Bogen,
nach dem verzitternden Klange.

In dem Geschwirr bunter Enge
knüpften die Finger behende.
Augen durchspähten Gedränge
um die beschwörenden Hände,
Kugel fiel klirrend ins Becken.
Schlange zuckte, wie Flammen.
Flöte verstummte: im Recken
fiel sie wie Asche zusammen.

Ach, meine Augen nur lebten,
während ich wirkte und schaffte.
Und was die Hände verwebten
war das Zusammengeraffte,
eilig dem Leben gestohlen,
eh` es verraucht und entsunken.
Von den rotglühenden Kohlen
nur die zerstiebenden Funken!

Grillengesang

Beim Dämmern, wenn man durch die Felder schreitet
Durchbebt die Luft ein silberfeines Schwirren.
Der Grillen Liebeslied, das sanft begleitet

des Abends Stille, die davon lebendig.
Von Rain zu Rain schwingt sich das hohe Sirren
Auf einem Ton verharrend und beständig.

Die Äolsharfe der Insektenflügel
Durchdringt mit dünnem, gläserzarten Girren
den schöngeneigten, grüngesäumten Hügel.

Die Wolken*

Die Wolken, sie drängen und schieben
vom schnelleren Winde getrieben
und rauben dem Himmel den Glanz.
Die trüben, die dunklen, die grauen,
so düster, so traurig zu schauen,
als trügen auf herbstlichen Auen
viel schwarzgekleidete Frauen
in Sarges Geleite den Kranz.

Und zeigt sich der Himmel gereinigt,
gleich sind sie aufs Neue vereinigt,
die Wolken, und decken den Streif.
Sie wallen und wogen und schwanken,
als zögen des Trübsinns Gedanken
und schlängen im finsteren Ranken
um Stirne und Lid einer Kranken
des Fiebers beklemmenden Reif.

Und, wo sie vorübergezogen,
da gleiten in flatterndem Bogen
die lärmenden Raben vorbei.
Hoch fliegen sie überm Gedränge
und fallen hinab in die Enge,
als berge der Wolken Gemenge
ein Nest. Und der Lüfte Gesänge
zerstösst rauh der krächzende Schrei.

Da birst das Gewölke. Die Fluren
erglänzen in schimmernden Spuren.
Die Wolken, sie tauen, sie schwinden
und Helle strahlt ohne Erblinden.
So weht aus des Kornes Gebinden
das Gold loser Garbe in Winden,
entgleitend der Schnitterin Hand.

---

* Dieses Gedicht ist auch unter dem Titel „Trüber Tag" überliefert. Dort lautet die letzte Strophe abweichend wie folgt:

Da birst das Gewölke. Die Fluren / erglänzen in schimmernden Spuren. / Der Regen sprüht über dem Land. / Die Wolken, sie tauen, sie schwinden / und Licht zeigt sich ohne Erblinden. / So weht aus des Kornes Gebinden / das Gold loser Garbe in Winden, / entgleitend der Schnitterin Hand.

Regenwind

Federleicht und wolkenlind
hat mich angeflogen
dieser laue Regenwind,
südwärts hergezogen.

Unter seinem zarten Sprühn
muss das Gras erbeben.
Was verdorrte, drängt zum Blühn.
Saft pocht in den Reben.

Regenwind, gesandt vom Meer,
soll landeinwärts wehen
und, vom Duft des Landes schwer
rieselnd nieder gehen.

Wo die Wolke sich ergiesst,
fallen Regenschauer,
und im leisen Rauschen fliesst
sanfte, dunkle Trauer.

Abendschatten

Ein Vogel fliegt am Mond vorbei,
den noch die Nebel hüllen.
Es scheint sein heller Vogelschrei
den Himmel zu erfüllen.

Den Himmel, der so taubenblau,
als färbten ihn die Schwingen
von hundert Vögeln, gross und grau,
die schwebend niederdringen.

Sie ruhn am Rebenhügel aus,
eh' sie sich neu erheben.
Das Rosenlicht am Winzerhaus
lösch aus beim Niederschweben.

Der Schattenschwarm im jungen Klee
zerrinnt auf der Luzerne.
Da schwimmen auf dem stillen See,
gleich Fischen, erste Sterne.

Die Tauben

Die rotäugige Taube
gurrt wieder von dem Dach.
Unter der Wolkentraube
fliegt ihr der Tauber nach.

An Flügeln, weit gespreitet,
paart Feder sich und Flaum.
In Zweigen, ausgebreitet,
birgt sie der Mandelbaum.

Die weissen Flügel decken
die blauen Flügel ganz.
So mag sich wohl verstecken,
Himmel im Wolkenglanz.

Lied des Vagabunden

Viele Nächte sind hinabgeglitten
seit ich von der Städte Schwellen ging.
Halme wellten grün. Nun liegt geschnitten
Korn, darin sich Sommerwind verfing.
Kehr' ich jemals wohl zurück?
Weggestillt und satt vom Wanderglück!

Meine Seele hab' ich hingegeben.
An den Fluss verschenkt, ins Licht geträumt.
Feldwärts wend' ich mich und such' mein Leben,
das ich an der Wälder Rand versäumt.
Ach, es wehte hin, wie Strassenstaub,
wie der Blüte Duft, wie welkes Laub!

Fruchtbeladen kommt der Herbst gezogen.
Sternenäugig blickt er durchs Geäst.
Blätter wirbeln gelb. Der Sonnenbogen
neigt sich tief, eh er den Tag entlässt.
Dürre Rebe rankt um toten Stein.
Quell versiegt im Sand wie trüber Wein.

Bettelnd steh' ich nun vor Winters Toren,
wo der Kettenhund mich wild verbellt.
Lang schon ging mein Sommerreich verloren.
Alter hat den Lebensbaum zerspellt.
Tret' ich frierend nun ins Menschenhaus
lischt im Zugwind matt die Herdglut aus.

Später Herbst

Nun streift die Vogelschwinge
vom Himmel letztes Licht.
Es zeigt sich aller Dinge
verborgenstes Gesicht.

Vom Schöpfungstau befeuchtet
vom Nebel bleich verhüllt,
von innen her erleuchtet,
von Reifelust gestillt,

von klarstem Glanz umwoben,
in Ruhe, wunderbar,
von Blätterfall umstoben
vergeht das schöne Jahr.

Stiller Tag

Silbern rinnt des Wassers Kühle,
Lautlos rauscht die Mittagsschwüle.
Und dazwischen
flüstert Wind in den Gebüschen.

Hingelagert ruht die Herde,
wollnes Vlies schmiegt sich zur Erde.
Über Gräsern
schwebt der Himmel, hoch und gläsern.

In den Halmen paarweis hangen
Falter, die sich spielend fangen.
Bunte Waage:
schwer von Liebe, schwer vom Tage.

Abendröte kommt geflossen;
Blumenkelch hat sich geschlossen.
In der Ferne
blinken auf die ersten Sterne.

Nacht über der Grossstadt

Vor dieser Helle muss dein Zauber enden.
Das wache Auge fliehen Schlaf und Traum.
Die Bogenlampen stehn wie Baum an Baum.
Nur, dass die Kronen Licht nicht Schatten spenden.

Die Strassen ziehn gerade, wie Alleen.
Doch strömen sie nicht edle Ruhe aus.
Zu ihren Seiten drängt sich Haus an Haus
und alle münden in die grossen Seen

der weiten Plätze, schimmernd von Asphalt.
Auf ihrer Glätte muss das Licht zerschellen
Und breit zerfliessen, wie in flachen Wellen.
Doch scheinen sie in aller Helle kalt.

Kein Schatten weich auf ihrer Leere liegt.
Hier bist du, Nacht, vertrieben und besiegt.

Sommerhagel

Die grosse, schwere, schwarze Wolke zog.
Sie dunkelte den Glanz des Himmels ein
und frass den Vogelschwarm, der drunter flog.

Ein gelbes Schwefellicht trieb seinen Keil
durch ihre hochgebauschte dichte Wand
und fuhr in ihren Schoss, gespannt und steil.

Die Hagelkörner schlugen in das Gras,
dass es sich tief hin zu der Erde bog.
Der Himmel wurde klar, wie Silberglas.

Als hätte eine leichte, sanfte Hand
darüber hingestrichen, lag der See.
Und fing die Wellen ein am Uferrand.

Das umgeschlagne Gras durchstrich der Wind
und alle jungen Halme und der Klee
sie standen wieder auf, als wär' ein Kind
dahingetanzt, nacktfüssig und geschwind.

Die Amme

Schaukle, schaukle, braune Wiege
sanft das fremde Kind.
Scheuche Hand die blaue Fliege
von der Wange, lind.
Schale muss die Rosen fassen.
Arm birgt kleines Haupt.
Rose wird beschämt verblassen.
Schlafe, traumumlaubt!

Honigduft verströmt die Rose.
Milchgeruch dein Hauch.
Ach, ich werd', wenn ich dich kose,
selbst zum Rosenstrauch!
Wenn dein Mund in ersten Lüsten
Leben von uns will,
fliesst der Strom aus vollen Brüsten
und ich halte still.

Fremdes Kind, in brauner Wiege,
spitzenüberschäumt!
Über knarrendsteile Stiege
hab' ich hingeträumt.
Altes Weib mit welken Händen
fasst mein eignes Kind.
Von den moderfeuchten Wänden
starren Fenster, blind.

Blühe, kleine Knospenrose!
Dorre Schattenkeim!
Trauer wächst in meinem Schosse,
süss, wie Blütenseim.
Ginstergold verbarg die Erde,
Abendlicht verging,
als der dunkle Hirt der Herde
mich so rauh umfing.

Kühler Tau aus Wolkenflocken
zwischen Halm und Rain.
Das Gesicht in meinen Locken
schlief er ruhig ein.
Tränen fiel'n, wie tote Sterne,
funkelnd durch die Nacht.
Herden ruhten in der Ferne.
Grosser Hirt hielt Wacht.

Die Liebenden

Durch lauen Abend wandeln die Liebenden.
Um ihre Schultern der Verzauberung Mantel,
den Dämmerung säumt.

Sanfte Lichter glänzen in ihren Augen.
Tiefer noch leuchtend als der Sterne Strahlen
in nächtlicher Bläue.

Aneinandergeschmiegt suchen sie schmale Wege,
grasbewachsene, die ins Dunkel führen,
wo ihrer die Nacht harrt.

Der alte Dichter

Vieler Leben streiften an das meine.
Und aus manchen Bächen schwoll der Fluss.
Wenn ich lächle, sinne, wenn ich weine
bin ich Freund der Tiere, Blumen, Steine,
Fremdes ist mir nah, wie Sand dem Fuss.

Zögernd möchte ich mich selbst verlassen.
Reife löst die Frucht vom Baume los.
Andrer Lieben fühlt' ich, andrer Hassen
und mein ich schien müde zu verblassen
unter Traumgewölben, wolkengross.

Meine Wege haben keine Ziele.
Ich vergass das Haus, aus dem ich schritt.
Meeresschaum, zerfurcht vom Schnitt der Kiele
schliesst sich stumm und birgt der Fische Spiele,
wenn der Silberschwarm durchs Wasser glitt.

Mir vergingen Jahre, bunt wie Feste
und ich trank der Sonnentrauben Wein.
Schrill Geschrei ertönt um schale Reste;
angewidert, aus dem Kreis der Gäste
tret ich, endlich, in mich selber ein.

Verfallender Garten

Des Gartens Sicht
voll Sonnengold und letztem Glanz!
Welch warmes Licht
wob schimmernd überm Asternkranz!

Der Zauber wich.
Das Blatt welkt am vermorschten Stamm.
Der Teich erblich,
der Zierfisch fault im Schlamm.

Des Regens Flut
stürzt in der kahlen Wipfel Strauss.
O, Abendglut!
Sturmvogel bläst die Feuer aus.

Das Gartentor
zerschlug der Wind, zerfrass der Rost.
Spinnweb erfror,
erstarrt zu Reif im Frost.

Der Krähen Heer
verscheucht die Tauben, blau und weiss.
Tau tropft so schwer
und klirrt, wie sprödes Eis.

Schneenacht

Tag, von Wolken verhüllt,
stirbt unter Flocken,
da ihn, schwingend, erfüllt
Herzmund der Glocken.

Dumpfer Klang fällt wie Schnee;
verhallt im Dunkel.
Der gefrorene See
spiegelt Gefunkel.

Schnee, von Sternlicht gebleicht,
schimmert viel weisser.
Helle Nacht schwebt so leicht.
Welt wird noch leiser.

Vorfrühling

Pflanzenschaft die Erde spaltet.
Leichte Gräserflammen beben.
Wo das Licht sich neu entfaltet
sprosst und drängt verborgnes Leben.

Überall beschwingtes Wogen!
Wolkenherden, schwer und prächtig
zieh'n in schimmernd weissem Bogen:
Muttertiere, sonnenträchtig.

Breiter Flüsse starkes Glänzen
führt als Trift der Helle Spuren.
Sie mit Schatten zu bekränzen
sinkt die Nacht auf Abendfluren.

Abendlied

Wind singt im jungen Laube
das sanfte Lied der Nacht.
Der Abend - müde Taube -
faltet die Flügel sacht.

Wind flüstert leis im Sande.
Die Taube niederschwebt.
An ihrer Flügel Rande
der Rosenflaum erbebt.

Die Nacht giesst blauen Schimmer
aus dunklen Krügen aus.
Da krönt, mit klarem Flimmer,
der Abendstern das Haus.

Die Vorhut

Ihr kennt den blauen Tag, die sternenhelle Nacht,
den fernen Schakalruf auf eurer bangen Wacht,
vom Meer den Salzlufthauch, die grosse Sonnenglut,
den Born der Fruchtbarkeit; stürzende Regenflut.

Ihr kennt die Abendruh, die grosse Müdigkeit,
den bitterlichen Schweiss, die harte Feldarbeit,
den todestiefen Schlaf, den nächtlichen Alarm,
scheinwerferlichtdurchzuckt, den kampfbereiten Arm.

Auf euren sonnverbrannten Zügen liegt ein helles Licht.
Ihr formt des alten Volkes neues Angesicht.

Wachsendes Licht

Das Licht nimmt zu. Mit blanken Speeren
sucht es die Nebel zu zerreissen,
die, spinnwebfadengleich, zerschleissen
unfähig seinem Stich zu wehren.

Der Tagstern spannt den gold'nen Bogen
am Bach, über die grauen Erlen,
mit klarem Scheine, hell und gläsern.
Und auf den winterfahlen Gräsern
zerschmilzt der Silberreif zu Perlen.

Kindheit

Der Himmel schien noch nicht so hoch,
doch von viel schönerem Blau.
Dahinter wohnte der liebe Gott,
weissbärtig, mit buschiger Brau'.

Die Welt war gross, doch gar nicht fern.
Sie lag vor unserem Schuh.
Die Treppe hinunter, zur Türe hinaus,
schon lief sie auf uns zu.

Das Abenteuer versteckte sich nicht.
Bunt lockt es; aus jedem Stein,
aus Tier, aus Blume, aus Gras und Baum
rief es und liess uns ein.

Und Tag und Traum, wie Geschwister vertraut,
sie gingen Hand in Hand.
Und trugen am Hals die farbige Schnur:
Glasperlen vom Märchenland.

In dunklen Ecken hockte die Nacht.
O, zaubrische Furcht, dumpfes Grau'n!
Ein Engel flog, so hell wie Licht,
Und schützte der Kinder Vertrau'n.

Nur manchmal fielen aus Blick und Wort
Gedanken, wie Stein in die Flut.
Da klang es süss auf, da zitterte fort,
was tief, wie in Wellen geruht.

Da quoll es empor, wie Tränen schwer
Und dunkelte lang noch im Blick.
Sank wieder hinab, in Vergessen und Schlaf,
doch in uns begann das Geschick.

Mittag

Der junge Hirte
legte sich schlafen.
Nun ruht er bäuchlings
bei seinen Schafen.

Der letzte Schatten
kroch unter Hecken,
vor hoher Sonne
sich zu verstecken.

Im Thymianduften
zirpt nur die Grille.
Sonst bebt kein Lüftchen
in dieser Stille.

Das Ohr des Schläfers
am Grillenhange
füllt sich halbträumend
mit seinem Klange.

Träg dehnt der Hirt sich,
in Schlafes Röte,
zieht aus dem Kittel
die Weidenflöte.

Über den Thymian,
durch die Luzerne
trottet des Leittiers
rundes Gehörne.

Des alten Gottes
ländliche Weise,
im Flötenliede
verhallt sie leise.

Laue Nacht

(im Brief an Jakob Picard vom 29.11.1939
auch Vorfrühlingsnacht genannt,
dort in Zeile 2 statt „lauen“ „leichten“)

Ich fühl' im Dunkel
den lauen Regen.
Er schmiegt sich sprühend
an meine Wange.

Die Zweige zittern;
die Blätter beben.
Im feuchten Winde
flüstert es mit.

Zart quillt ein Duften.
Die Erde atmet.
Und Schatten wallen
über die Flur.

Unruhig wispert' s
zwischen den Büschen.
Die Tropfen rieseln
wie warme Tränen.

Horch, welch Verstummen!
Die Bäume schweigen.
Nur Blätter beben
und Regen rauscht.

Ritornell

Lianen schweben –
Seiltänzerin auf hohem Draht –
ihr Lächeln ist ihr Leben.

Des Efeu Ranken –
So schlingt verliebten Mädchens Sinn
die ersten Traumgedanken.

Doch Lilie zwischen Rosen –
beglückter Mutter Angesicht
bei ihrer Kinder Kosen.

Romanze

Weisser als die Wasserrose
ist das Antlitz der Ertrunk' nen,
wenn des Schilfes hohe Binsen,
Armen gleich, sie kühl umschlingen.

Doch im fahlen Morgenlichte
scheint der Weiher nur ein Spiegel
für die weisse Wasserrose,
für das Antlitz der Ertrunk' nen.

Traumbild

Aus der verfallenen Schenke dringt Klirren.
Der einsame Wirt
zerschlägt Krug um Krug.

Lange entfloh der Hausschwalbe Schwirren.
Kein Gast mehr betrat
die verlassene Schwelle.

Nun scheint der Mond durch zerbröckelnde Wände
und badet sein Licht
im vergossenen Wein.

Die Kerze flackert. Und zitternde Hände
versuchen die Scherben
zusammenzufügen.

Pieta im Frühling

Wind haucht um Stein.
Am Abend duften erste Veilchen scheu.
Mondstrahl zerbricht das Dunkel früher Nacht.

Der Frühtau perlt.
Erstarrte Hände bergen totes Haupt.
Verdorrter Efeu deckt den Krokuskelch.

Forsythien blüh' n.
Verliebter Tauben Gurren füllt den Busch.
Steinerne Schläfe neigt sich keinem Lied.

Trauriger Abend

Hinter müder Wolken Zug
wächst der Schatten hohe Wand.
Mit der Dämm' rung leisem Flug
schweben sie vom Waldesrand.

Fledermaus leiht ihre Schwingen,
trägt die schwerelose Last.
Kühle strömt von allen Dingen,
halten graue Schatten Rast.

Die umsonst den Tag bedrohen,
nahen sich beim Abendhauch.
Wo des Himmels Feuer lohen
bebt der düstren Schatten Rauch.

Goldnen Tag zur Opfergabe
bringen dort die Schatten dar.
Banger Hirt, mit seinem Stabe,
lenkt zum Pferch die woll' ge Schar.

Riesenmeiler wird der Hügel,
drauf die schwache Glut vergeht.
Aschenfarb' ger Motten Flügel
leicht wie Staub ins Tal hinweht.

Wenn am Flusse letzter Röte
matter Schein ins Dunkel rinnt,
fängt das Lied der Weidenflöte
sich im Netz, das Schatten spinnt.

Die Korallenschnur

Wie, sacht, aus müden Händen
Schnur von Korallen fällt,
sinkt, rosig, aller Enden,
der Abend aus der Welt.

Der Himmel wird zum Brunnen,
der unablässig träuft.
Die Erde – blaue Schale –
drin sich das Dunkel häuft.

Und tiefe Schatten wallen
aus dunklem Brunnenmund.
Die Kugeln der Korallen
erblinden auf dem Grund.

Trost

Mit neuen Blättern prangt der alte Baum.
Das frische Gras drängt aus der alten Erde.
O, Unvergänglichkeit, im flücht'gen Traum!
O, Unzerstörbarkeit, im rasch verwelkten Werde!

Das Bleibende begibt sich immer neu.
Vertrauter Geist ist allem Wesen treu.
Was ängstigt dich das wechselnde Gesicht?
Die Flamme stirbt, doch nie erlischt das Licht!

Lebenslied

Wer in Erinn'rung lebt,
dem blasst der Himmel nie.
Er schreitet waldumwebt,
Grasrispe weht ums Knie,
kein Ast zeigt sich geleert.
Die Blume nicht verblüht.
Wo seine Sonne glüht,
scheint dem Verfall gewehrt.

Sein ist der kurze Tag
und sein, was je entglitt.
Was im Verborgnen lag,
ereilt sein Wanderschritt.
Der, den der Tag erneut,
hat über ihn Gewalt
und, was sein Herz erfreut
wird ihm nicht jung noch alt.

Er spürt in seiner Brust
wallt Nebel um ihn her
und fühlt mit gleicher Lust
die Wolken, regenschwer.
Hell brennt das Mittagslicht.
Wenn Dämmerung Busch und Baum
umfliesst und blau durchflicht,
wird ihm, wie Traum im Traum.

Der Zaun im Nesselkraut,
Wolfsmilch und Schierlingsgift,
sind ihm so noch vertraut,
als nachts der Sterne Schrift,
Korn überwogt den Rain.
Die Beere schwillt am Hang.
Der Sichel Lied fällt ein
und dämpft den Überschwang.

Und dunkelt's seinem Sinn,
fällt sanft ein welkes Blatt.
Ein Falter gaukelt hin.
Ein Tag lischt sonnensatt.
Ein Wagen schwankt davon
und Stoppeln starren rauh.
Da blinkt auf letztem Mohn
ein klarer Tropfen Tau.

November

(im Brief vom 5.10.1939 an Picard Herbst genannt)

Die Kiefernstämme steil zum Himmel ragen,
wie dunkle Kerzen, die schon lang erloschen.
Bald ist das letzte Sommerkorn gedroschen.
Frucht wird in Weidenkörben fortgetragen.

Am Weiher weben Nebel graue Netze;
drin fängt der bleichen Sonne matter Schimmer,
lockt keinen Funken mehr aus Stein und Glimmer.
Durch Dickicht bricht das Reh in Todeshetze.

Aus Krähenschrei, aus Häherruf tönt Klage.
Der Himmel weint im Regen um sein Glänzen.
Und Grüfte ruh'n begraben unter Kränzen.

Doch mitten in dem abgeleerten Hage
glüh'n rot der Eberesche Beerentrauben
und gold'ne Ammern flattern dort und rauben.

Die Verbitterte

Des Windes Hauchen, duftgetränkt,
das klare Licht, vom Tag verschenkt,
das Rauschen, das in Bäumen schwebt,
schmerzt mich, die nur in Träumen lebt.

Was soll dies Leuchten überm Laub?
Beim Vogellied stell' ich mich taub!
Wenn Sonnengold in Wolken schwimmt,
wünsch' ich, dass es in Nacht verglimmt!

Vergänglichkeit, ich ruf' dich an,
im Spinnweb schleierst du heran.
Breit Moderspur auf allen Glanz,
Bestäub' des Lebens bunten Kranz!

Mohn, überwuch're wirr das Korn!
Verwildre, Feld, im Disteldorn!
Schwarzkrähen senkt euch auf den Hag,
zerlärmt den süssen Lerchenschlag!

Waldgrün, verdorr' in trockner Glut!
Herde, entlauf' des Schäfers Hut!
Wie sich der Sturm in Wipfeln fing,
so, Reh, verludre im Geschling!

Wenn sich ein Paar ins Kräuticht schmiegt,
aufzüngle, Natter, die dort liegt!
Tollkirschenzweige, lockt und prangt,
wenn Kinderhand ins Strauchwerk langt!

Tag, brenn' im düstern Abendrot,
wie Asche grau, im Feuertod!
O, Licht, verlisch, o, Klang, verhalle!
Im Finstern stirb o, Mondenball!

Stosst ihr mich aus, so schwindet hin!
Krug stürze um und Trank verrinn,
dem keines Mundes Durst gewillt,
versickre trüb, wo Dunkel quillt!

Die Komödiantin

Mein Leben warf ich hin. Wenn's mich je reute,
wähl' ich nach meiner Lust neu die Gestalt.
Erlogne Tränen, ach, so leichte Beute!
Und Lachen, das mit Silberglanz verhallt!
Doch aller Schein welkt, sterbend mit dem Heute,
noch eh' die Nacht verstreicht, wird schal und alt.

Kein Himmel wölbt sich über den Kulissen.
Und Stern und Baum und Blume sind gemalt.
Sie schmücken mich und dienen mir beflissen
von bunten Sonnen mächtig angestrahlt.
Der Samt der Nacht, er wäre bald zerschlissen,
von solchem Licht begleicht und ausgefahlt.

Hier rauscht kein Fluss. Doch unsichtbaren Wellen
werf ich mich glühend, lachend, sprühend zu.
Wie frisches Blut, so fühl ich durch mich quellen,
unzähl'ger Wesen aufgesognes Du.
Sie tragen mich. Leicht schweb' ich wie die hellen
Lenzabende in tiefen Dunkels Ruh.

Ich starb schon oft. Den Glanz, mit dem ich prahle,
von euren Angesichtern ich beschwor.
Mein Leben: Lösegeld, mit dem ich zahle,
dann öffnet abends mir der Tod das Tor
und, wie der Kern entspringt aus Frucht und Schale,
rührt euch die Seele an, die ich verlor.

Zur Nacht

Gang in die Dämmerung. Langsames Vergluten.
Der Himmel senkt sich auf des Hügels Ränder.
Bewusstsein schwillt in Traum. In Abends Länder
treibt letztes Boot auf rotgefärbten Fluten.

Dunkel schwebt her und bringt vertraute Bilder.
Der Grosse Wagen zeigt die Sternenräder.
Milchstrasse zieht das silberne Geäder.
Nächtliches Antlitz lächelt immer milder.

Die Winde mit dem Wasserrauschen fliessen.
Sie streichen übern sternenhellen Bronnen.
O, sanfter Klang, von Müdigkeit umsponnen!

Schlaf füllt die Welt. Und in den dunklen Wiesen,
wo Träume in des Mohnes Körnern reifen,
zittern die Blüten bei der Winde Streifen.

Winter

Am Wege liegen kleine Vogelleichen.
Sie fielen still, so lautlos sanft wie Schnee.
Mit grossen Augen trauert stumm das Reh,
Frühäsung suchend bei des Dunkels Bleichen.

Das leere Dickicht ist schon lichtgerötet.
Doch jeder Baum hält sich ganz steif zusammen;
die Fackel trügerischer Morgenflammen
zerweht der Ost, noch eh' sie Abend tötet.

Verlass'ne Nester, zugefror'ne Quellen!
War dies je Heimat aufgescheuchten Tieren?
Unruhig wittern sie und hungern, frieren,

sich beugend über die erstarrten Wellen,
den Spiegel suchend sommerlicher Stunden,
da sie im Trank das eigne Bild gefunden.

Der Dichter

Alles Empfundene
kehrt immer wieder.
das Neugefundene
preisen die Lieder.

Was uns je dargebracht,
achtlos verschwendet,
hat er uns, über Nacht,
neu zugewendet.

Was müdes Aug' verlor,
aus trägem Herzen sank,
ihm ward es Habe.

Nun tritt's voll Glanz hervor,
mitten aus Wort und Dank,
allen zur Gabe.

Sonett

Beim Morgenläuten nahen sich an Krücken,
die Bettler, die am Tag vorm Dome kauern.
Sie hocken auf den Stufen, an den Mauern,
als stützten sie sein Ragen mit dem Rücken.

Aus Domes Nischen grinsen Steingesichter,
scheeläugig, off'ne Mäuler, missgestaltet.
Darüber schweben, flügelaufgefaltet,
Cherubim und Apostel, hell wie Lichter.

Madonna krönt die Spitze, goldengleissend.
An ihrem Schimmer bleibt kein Schatten hängen.
So lächelt sie und ruht auf Glockenklängen.

Doch Taubenschwärme, hoch im Blauen kreisend,
schwirr'n zu Marieens ausgestreckten Händen
nicht anders, als wenn Bettler Brocken spenden.

Das Mädchen

Ich steh' vorm Spiegel, schau' mich an,
als wär' ich eine Fremde.
Und schliess' die Augen fast vor Scheu,
schlüpf' ich schnell aus dem Hemde.

Und seh' ich meinen blossen Leib,
die Brüste, Schultern, Arme,
färbt sich das Bild im Spiegel rot,
als ob's an mir erwarme.

Allmählich blasst das sanfte Glüh'n,
das sich auf Nacktheit senkte.
Der Spiegel sog's. Das erste Du
an das ich mich verschenkte.

Wintermond

Fällt der Mond durch die Fenster ins Haus,
lischt die Herdglut im Feuerloch aus.
An den Scheiben, vom Stubendunst blind,
wächst die Eisblume, zaubergeschwind.

Übern Himmel, der sternaufgeklart,
zieht der Mond auf der schimmernden Fahrt.
Rattenunruh schrillt pfeifend im Heu.
Und der Hund winselt lang auf der Streu.

Kälte knistert, wie Katzengespärr.
Durch die Wand dringt des Säuglings Geplärr.
Altes Weib, unterm kalkbleichen Schein,
wimmert auf in zahnlosem Gegrein.

Fensterkreuz droht so düster vom Flur.
In den Viehstall tropft milchblasse Spur.
Müde Magd hat voll Schrecken geträumt,
dass die Milch übern Eimerrand schäumt.

Auf den hängenden Flechten der Frau
liegt das Mondlicht wie silbriger Tau,
bis sie nestelnd die Zöpfe aufwebt
und sich Mann's Stirn ins Haardunkel gräbt.

Aus dem Wald geistern schwarz und geduckt
schnelle Schatten, grünlichtrig umzuckt.
Scheues Pferd hängt wie toll im Gesträng,
kreuz und quer, vor des Rudels Gedräng.

Stiller See spiegelt mondklares Rund.
Strahl bricht tief durch den eishellen Grund;
eh' das Schlittenpferd gurgelnd ertrinkt,
Mond im wolfsdunklen Strudel versinkt.

ich komm vom goldnen Mittelwege

„ich komm' vom goldnen Mittelwege
in Fantasus Irrgartengehege,
doch keiner gab mir erlösend mit,
die Zauberschere „zum goldenen Schnitt“
ich eil' dann von Boskett zu Rondell
die sperrigen Zweige verwuchern so schnell,
verstecken den Ausgang und hemmen den Blick;
und schau' ich zum Himmel, den Kopf im Genick
dann ruft mir der kreisende Falke im Blauen:
So geht's dem der's wagt Th. Storm zu misstrauen!

Abwärts

Alle Dinge sind durchleuchtet,
in vertieften Glanz gehüllt,
wenn sie, früh, vom Tau befeuchtet
und von Vogelsang erfüllt.
Nach den schwarz verhangenen Nächten
will das Licht noch stärker glühen
und es bricht aus dunklen Schächten,
Morgenwelt zu übersprühen.

Doch es wendet sich geblendet
manches Herz vor solchem Prangen.
Hinterm Überfluss, verschwendet,
ahnt es Leere, o, mit Bangen!
Und beim Ruf des Schwalbenzuges,
der aus Duft und Schimmer stösst,
denkt es schon des Sammelfluges,
der die Sommerflur entblösst.

Ach, die schrägen Schatten winden
bald wie Ranken um die Rüstern,
um die Eichen, um die Linden,
Grün des Laubes zu verdüstern.
Schien nicht alles hinzuschweben,
schwerelos, im Raum der Helle?
Seht, des Lichtes Wellen beben
zögernd jetzt an Schattenschwelle.

Gitter werfen ihre Schatten
sich zum Abbild auf die Wege.
Von dem Hange, auf den Matten
schwillt ein doppelt Obstgehege,
winkt sich schattenhaft entgegen,
lockt mit Ästen, fruchtbeschwert,
und ein zweiter Früchtesegen
sich in Schattenkronen regt.

Sommer wandert matt zum Grabe,
Gruft mit letztem Glanz zu schmücken.
Frucht und Reben, gute Gabe,
bringt sein Bruder auf dem Rücken.
Blätter sinken aus den Zweigen,
gold'nem Schimmer nachzutropfen,
wie sich Stirnen traurig neigen,
lauschend auf des Herzens Klopfen.

Und im Park, auf stillen Bänken,
sitzen friedlich alte Leute.
Wenn die Schatten sich verschränken,
fühlen sie noch, sichres Heute.
Schattenbild vor sich im Kiese,
leichte Spur beschwerten Lebens,
Sonnenspiel auf falber Wiese,
Dank, es war doch nicht vergebens!

Neige

Der Jäger stiess ins Horn:
„Hirschtod!“ klang das Signal.
Es hallte durch Wald und Dorn,
es hörtens die Schnitter im Tal.

Sie liessen den Ton verklingen
und hielten im Mähen ein.
Der Sensenschneide Singen
verstummte über dem Rain.

Der Abend kam gezogen,
auf rotem Strom, von West.
Die Schwalbe, in hohem Bogen,
glitt nieder und flog zum Nest.

Die Grillen zirpten im Grunde.
Der Wind strich durch das Ried,
als töne aus traurigem Munde
des Sommers Abschiedslied.

Siciliane

O, Herz, was tun, bricht Grauen in deine Welt?
Das Reh flieht ins Dickicht, naht sich Gefahr.
Verzagst du, gleich dem Wild von Meute umstellt?
Das Reh flieht ins Dickicht, naht sich Gefahr.
Da schlagen Ängste, wie Gesträuch, ein Zelt.
Das Reh flieht ins Dickicht, naht sich Gefahr.
Verdorrte Wirrnis, die kein Stern erhellt!
Das Reh flieht ins Dickicht, naht sich Gefahr.

Dummling

Hinter meinen Wünschen
bleib ich weit zurück.
Sehnsucht überholt mich
wohl ein grosses Stück.
Läuft vor meinen Füssen.
Eilig setz' ich nach.
Kann sie doch nicht fangen,
werd' verzagt und schwach.
Sehnsucht dreht sich lockend
wieder nach mir um:
„Fang' mich, armer Dummling!"
Ach, ich bleibe stumm!
Wüsst' ich sie zu nennen
mit dem rechten Wort,
bräucht' ich nimmer rennen,
nimmer lief sie fort!

Die Alternde

Manchmal kommt die grosse Müdigkeit.
Leben scheint mir dann zu bunt und weit.
Ein Gewand, das schleppend mich umfängt,
faltenreich um meine Glieder hängt.

Willenlos tauch' ich in Dunkel ein;
selber dunkel, wie ein Totenschrein;
zieh' den Tag wie eine Kette nach,
doch sie zerrt mich, bis der Schlaf zerbrach.

Ach, ich heb' mich von dem dunklen Grund!
Mattigkeit furcht bitter um den Mund.
Wann reisst wohl das letzte Kettenglied,
das mich von dem tiefsten Abgrund schied?

Sparte mich so lang; zu welchem Rausch?
Andre gaben sich doch, Tausch um Tausch!
Wie der Geizhals die gefüllte Truh',
Hüt' ich all die unverbrauchte Ruh'.

Lebensmüde, die voll Grau'n ertrinkt;
die Geliebte, die ins Brautbett sinkt,
die sich fraglos wagt, der gilt mein Neid;
bis zum Überdruss bin ich mir leid.

Meine Augen suchen oft verwirrt;
hab' mich doch in Träumen weit verirrt.
Wildes Strauchwerk macht die Wege schmal.
Abgeholzte Lichtung dehnt sich kahl.

Jede Runzel, die mein Antlitz rauht,
jede Strähne Haares, die ergraut,
Weiser, die an meinem Wege stehn,
zwingen unerbittlich: weitergeh'n!

Ach, bald folg' ich ihnen trauerlos.
Unbedankt entliess mich einst ein Schoss;
ungesegnet geh' ich wieder fort.
Ähre, die am Ackerrand verdorrt.

Soldatenfrau.

Wende dein Antlitz hinweg, Gott, den ich hasse,
denn ich ertrag nicht den unerbittlichen Blick,
ahn' ich im Auge des Mannes, ach, ich erblasse,
Abschieds Befremdung, mein vorgefühltes Geschick!

Zärtliche Hände, wie gleitet ihr kraftlos hernieder,
wenn mattem Zugriff so ungeduldig gewehrt.
Es schmilzt vom Felsen der Schnee, wie vergehende Glieder
härt'rer Umarmung entsinken, die aller Lust schon entbehrt.

Muschel des Ohres, durchrauscht bald von stärkerer Brandung!
Worte der Liebe, wie Schaum, der sich spurlos verspült!
Ach, in dem Meere der Tränen harr' ich – ein Hafen – der Landung;
Schoss, sanfte Bucht, tu dich auf, eh' alles Leben erkühlt!

Strassen erdröhnen unter den schreitenden Sohlen!
Männer, aus eurer Verbrüderung stiesst ihr uns aus!
Mädchen, voll bitteren Grämens, Frauen, bestohlen,
beraubte Mütter, gehen wir, trostlos, ins Haus.

Abendlied (II)

Der Abend tränkt die Welt wie Wein.
Sie trinkt davon und schlummert ein.
Mond überglänzt das letzte Rot,
so rund, wie ein frischbacken Brot.
Und durstgestillt und hungersatt
entschlafen Blüte, Baum und Blatt.

Europa

Die Mädchen gingen durch erblühte Fluren.
Voran die Schönste – vollen Laufs, geschmeidig.
Vom nahen Felde glänzte, weiss und seidig,
– zertret'ne Halme wiesen seine Spuren –

der Leib des Tieres mit dem Widerriste,
den es, fast anmutsvoll, herabgebogen,
so, dass von seinem Anblick hingezogen,
und ahnungslos, dass er sie überliste

das Mädchen sich auf seinen Rücken schwang,
die Nüster krauend, die vom Atem dampfte.
Indes das Tier sich hob, und schnob und stampfte,

blieben die andern unbewegt und bang.
Sie sah'n den Gott nicht, den die Nachwelt glaubte,
den brünst'gen Stier nur, der die Jungfrau raubte.

Jeanne d'Arc

Als sich die Kniende erhob,
vergass sie Dorf und Herde.
Der Hirtenstab aus ihrer Hand
glitt auf die grüne Erde.
Sie wanderte die ganze Nacht
so weit, wie Füsse tragen.
Als sie das Heereslager sah,
begann es schon zu tagen.
Sie lief ins neue Morgenrot,
bis zum verschlaf'nen Heere,
und tauschte, nach Mariens Gebot,
das Hirtenkleid dem Speere.
Sie führte sie, der Herde gleich,
durch Felder, Wald und Hügel.
Es folgten, war die Hand auch weich,
Soldaten, Fuss im Bügel.
Sie kämpften für Marie,
und seufzten sterbend: „Jeanne!"
Ach, sie war fern, wie nie!
Sie liebte einen Mann.
Da nahm Marie den Glanz zurück,
der um die Rüstung floss.
Vom Heere wich das Schlachtenglück.
Jeanne hinterm Kerkerschloss.
Doch, als sie aus Gefangenschaft
zum Scheiterhaufen ging,
da war, als ob, trotz Folterhaft
die Glorie an ihr hing.
Da fühlte sie, in Rauch und Brand,
den himmlisch hohen Drang.
Das war Mariens kühle Hand,
die sie herüberzwang.

Mahnung

Die Lüfte fliessen
wie warme Wellen
und Saft steigt
in die obere Welt.
Der Einsame lächelt
und lässt sich genügen.
Im Dunkeln wirken
die heimlichen Kräfte.
Vergänglichkeit atmet
im Duft aus den Blüten.
Sie welken und fallen
vor reifender Frucht.
Wildbeeren faulen
vergessen am Zweige.
Die Helle verdämmert.
Erblasst sind die Farben
des heiteren Himmels.
Von fernem Gestirne
träuft Schweigen; nicht Frost.

Ein Mädchen singt

Ich schicke meine Sehnsucht aus.
Sie fliegt als Vogel um dein Haus.
Der erste Tau, voll Morgenglut,
färbt seine Schwingen rot wie Blut.

Viel Vögel fliegen durch den Tag
und Nester gibts in Feld und Hag.
Doch abends ist kein Nest mehr leer.
Der rote Vogel sucht so sehr.

Er sucht sein Nest: mein warmes Herz
und singt sein Lied; halb Lust, halb Schmerz.
Er lockt und klagt, bis du zur Nacht
dein Herz als Nest hast dargebracht.

Faltertod

Das Licht verrinnt
wie goldner Sand.
Die Hirtenflöte
klagt im Land.

Der Tag erlischt
im Dämmerschein.
Nachtfalter schweben
grau herein.

Der Kerze Docht
brennt feuerrot.
Auf seiner Flamme
tanzt der Tod.

Wie Blumenkelch
blüht Kerzenschein.
Nachtfalter taumeln
blind hinein.

Hirtensommer

Nun nahen die Tage der weidenden Herde,
der käuenden Kühe, der grasenden Lämmer.
Von feuchten Mäulern krümelt lose Erde.
Und Wolken wandern, gleich Herden, im Dämmer.

Gewitter regnen auf die Sommerfluren.
Erschrock'nes Lamm entflieht dem Widdersprunge.
Gemähter Hang grünt neu. O, wollereiche Schuren!
Am Muttertier saugt das geworf'ne Junge.

Von allen Hügeln ragt des Hirten Gestalt.
Mit seinem Stab hält er den Sommer gebannt.
Der Hirte sommerjung, der Sommer hirtenalt,
sind beide, sowie Brüder, von Anbeginn verwandt.

Nachts flackern die Feuer, bewacht von den Hunden.
Der Sommer schläft; die Herde schlummert gut.
Der Stab sinkt hin. Von seinem Bann entbunden,
gibt sich der Hirte einer höhern Hut.

Diana

Als das Mädchen aus dem Abendtale
in den Wald trat, streifend Nest und Tränke,
läutete im Wind das Jagdgehenke,
und der Büsche Dunkel barg die Schmale.

Ruhe lag ob ihren klaren Brauen,
rein geschwungen, wie am Arm der Bogen.
Niederflatternd, stampfend, – angezogen –
nahten Vögel, Rehwild, voll Vertrauen.

Und sie lebte still des Waldes Tage
gleich den Tieren; schmeckte Stund' um Stunde,
spie die Leere wie den Kern vom Munde.

Herbstnachts aber bei Geröhr und Klage
– Hirschbrunst kämpfte und die Rehgeiss duckte –
stand sie lauschend und die Braue zuckte.

Die Einsame

Ich weiss von einem jeden Ding.
Da ist mir keines zu gering,
dass ich nicht lieh sein armes Kleid,
dass ich nicht fühl' sein fremdes Leid.

Und voller Duldung, liebend fast,
bin ich zu Gast, lad' ich zu Gast.
Und fühle glücklich Widerhall.
Viel Hände fangen mich als Ball.

So bin ich niemals mehr allein.
Und noch im tiefsten Einsamsein
lebt mir im Blutschlag, wie ein Klang,
der toten Dinge Seelensang.

Vielleicht streift mich im Abendrot
blutfarben, Seele, körpertot,
die ihre Schauer, unerlebt,
wie einen Schleier um mich webt,

so, dass, gefangen im Gespinn,
ich ihr nicht und nicht mir entrinn'.
Fällt einst mein Wesen fremdem Traum
erfüllend zu, wie Frucht dem Baum?

Hundstage.

Da ist kein Fleck, wo sich nicht Schwüle staut,
Die schweren Wipfel lasten unbewegt
Und zwischen den verdorrten Beeten regt
sich nur der Gärtner, der nach Regen schaut.

Das Grün vergilbt und alle Wiesen trauern,
Die Wolke, die sich baucht, kann nicht gebären,
Das Rot des Mohns flammt gierig durch die Ähren
Und Nesseln treiben unnütz zwischen Mauern.

Die Hündin schleicht mit eingeklemmtem Schweife;
Der Rüde wittert brünstig ihre Hitze,
Schon brechen sie durch's Feld – zwei dunkle Blitze.

Am Altgewässer stockt die tolle Streife.
Da bläht sich Schierling, wuchern Dorn und Distel,
und in den Weidenköpfen saugt die Mistel.

Narziss

Solchen Spiegel frei von Trübung
fand ich nie im Menschenauge.
Also halt' ich diese Übung
mit mir selbst, fern Spötters Lauge.

Lust des selbstischen Genügen,
ach, ich fühl mich Göttern näher!
Mischt sich nicht in meinen Zügen
der Belauschte und der Späher?

Während ich herabgebogen
über Uferrand und Klippe
hebt es sich wie mondgezogen
streift des Menschen- Wassers Lippe.

Sind's der Schöpfer, der Gezeugte,
die sich voll Inbrunst grüssen?
Ach, ich bin der Hingebeugte
und nur Spur zu seinen Füssen.

Unsicherheit

Fühllos, leer und wie vom All verstossen
steh' ich ausser dem Zusammenhange;
frei von Grau'n und Schauer, tiefer bange
da ich zögere vor dem Bindungslosen.

Noch kenn' ich mich selbst nicht zur Genüge,
dass ich ginge wie ein Blinder schreitet
innerem Tone folgend, unbegleitet
von des Aussenbunten Bildgefüge.

Plötzlich, ach, verstehe ich sein Lächeln,
wenn er hilflos geht auf seinem Pfade
ohne Worte bittend um die Gnade,

dass von eines Windes leisem Fächeln
oder eines Tropfenfalls Gerinne
ihm Verbindung dringe an die Sinne.

Vergänglichkeit

Geruch des Lorbeer bringt die Bitterkeit
der frühen Abende, die blass vergehen,
wie Rosen ihren Duft ins Dunkel hauchen.
Und im Gebüsch hält sich schon Herbst, bereit,
die ersten welken Blätter zu verwehen,
die mit den Wasservögeln abwärts tauchen.

Platanenrinde fällt mit dumpfem Ton
ins leichte Sommergras, das leise zittert,
Mohnkapseln schwanken auf dem dünnen Stiel.
Die Mauerschwalben flogen längst davon,
Und Fuchs und Wiesel haben schon gewittert,
die Spur des Wildes, das im Dickicht fiel.

Und unter Bäumen, schweigendem Verfall,
geh'n Liebende gelichtetere Pfade
und ihr Verlangen wandelt sich in Trauer.
Der Sanftheit Seufzer stirbt vor dem Verhall.
Im morschen Stamme schlummert die Dryade
und durch die Wipfel wehen kühle Schauer.

Dämmerung

Wenn sich Wipfel in die Wolken schmiegen
sehnt die Erde sich der Nacht entgegen.
Ihre Boten – schnelle Schwalben – fliegen
zwitschern hell den süssen Abendsegen.

Lichtbeglänzte Wolken zieh'n vorüber.
Abend kommt wie roter Wein geflossen.
Weisser Lilien Kelche scheinen trüber,
wenn die Blüte letzten Glanz vergossen.

Aufgeblättert, auf entfärbtem Weiher,
treibt des Lichts entseelte Farbenrose.
Fahle Dämm'rung spinnt den blauen Schleier
und erstickt den hingesunk'nen Tag im Moose.

Die Sklaven

Die frohen Gäste, die den Park durchzogen,
hörten noch Brandung, als der Wind schon flaute.
Die Wellen sanken und das Meer erblaute,
lag glatt und schimmerte am Treppenbogen.

Da brachten Sklaven Speisen, Tuch, Karaffen.
Die Gäste saßen beim Gesang der Mohren;
die hockten, schwarz, erinnerungsverloren,
auf dumpfen Klängen schaukelnd, Riesenaffen.

Sie kämpften: Dunkle gegen alle Blassen.
Gezähmte Tiere flohen schon in Wildnis
und Urwalds Wuchs verschlang des Parkes Bildnis.

Der volle Mond stieg über die Terassen
vor seinem Auge, wach und auf der Lauer
schwiegen die Sklaven in erschrock'ner Trauer.

Eine Art privaten Kalenderspruch für meinen verflossenen Tag:

„Des Abends Seele dämmert grau
und Sanftmut glättet die Gesichter.
Sie blicken weiss in Zwielichts Tau
Und scheinen hell wie blasse Lichter.

Noch nie hab' ich so klar gesehn,
als jetzt, da wir veratmend ruhten.
Was von uns immer wird besteh'n;
es ist die Sehnsucht nach dem Guten."

Der Mensch, der eine Hoffnung hegt

„Der Mensch, der eine Hoffnung hegt,
ist nämlich besser aufgelegt,
als einer, dem's bewusste Brett
die Welt vernagelt. Aus dem Bett
hebt täglich er den linken Fuss.
Er möcht' wohl anders, doch er muss!"

„Stossseufzer"

Gemaltes Feuer kann nicht wärmen,
Geschrieb'ne Liebe macht nicht satt.
Hunger in Herzen und Gedärmen
stillt auch kein lyrisch Albumblatt.

Ach mich verlangt nach Tat und Leben!
Nach Freude, Schmerz, nach Wirklichkeit!
Ich wart' und schau' und steh daneben
O, Schicksal greif', ich bin bereit!

Ich bin bereit, Verlust zu tragen,
wird auch Gewinn: Erinnerung
Welle des Lebens: Mut und Wagen
hebe mich hoch auf deinem Schwung!

Ermüdet ruh ich wohlig aus.
(Die Ruhe freilich, fühlt nicht Schwäche)
Es welkt der schönste Blumenstrauss.
Was liegt daran, ob ich zerbreche!

Herbst

Nebel zieh'n dichtere Hülle
über den trauernden Hag.
Weizengold, Früchte und Fülle
schwanden am helleren Tag.

Weiher erblinden wie Spiegel,
zitternd, im trüberen Licht
Schweigens verschlossenes Siegel
brechen die Silben: Verzicht.

Doch, wenn der Dämm'rung Verstummen
drohend die Herzen berührt,
leuchtet durch Dunkels Vermummen
Feuer im Herde geschürt.

Niobe

Geneigt ins Leere, horchend, ob ein Hauch
erneut der Brust entströme, die erstarrte,
so sass sie stumm; die klaglos noch verharrte,
da sie sich fürchtete, die letzte auch

so tot zu wissen, wie die Leichen derer,
die hingesunken, Mund und Augen offen
im Schrecken, der sie wie der Pfeil getroffen.
Doch, als die Last in ihrem Schosse schwerer

und kälter ward, und Kälte, unaufhaltsam,
statt Atems Hauch aus dieser Brust entwich,
da fühlte Niobe wie sie erblich

und hielt den eig'nen Atem an gewaltsam.
Sich selbst zu fühlen, das war unerträglich;
so zwang sie sich; so blieb sie – unbeweglich.

Erkenntnis

Aus jedem Antlitz blick' ich mir entgegen.
O, ich erkenne mich auf allen Wegen!
Ein Lächeln hier, dort Staunen, Traurigkeit ...
ich bin es ja, und ging ich noch so weit

mich zu verlieren, ach, ich fänd' mich immer!
Gebüsch und Stern und Fluss und Sonnenflimmer,
ein jedes Wesen, schimmert von dem Licht,
das tief mir leuchtet wie ein Ingesicht.

Ich bin in Ding und Tier und Mensch verstreut
und muss draus sammeln, was mich schmerzt und freut,
um wie ein Brennglas, das die Strahlen zünden,
das All in mir und mich im All zu künden.

Trübsinn

„Blatt und Blume sind im Sturm verlodert
doch die Farben loschen trübe aus.
Und im Balken, wurzellos vermodert
frisst der Schimmelpilz am Fachwerkhaus.

Licht erblindete; die Lieder starben
und der Wiese Mund, die Grille, schweigt.
Müden Krüppel schmerzen alte Narben,
wenn er sich zum Leierkasten neigt.

Den verlornen Rausch beklagt ernüchtert,
Trunkenbold, dem Tag wie Galle schmeckt,
vom Geschrei der Rohheit eingeschüchtert
hockt das Kind im Kellerloch versteckt.

Trauer, die den Glanz verlor, weint banger
Leere ahnend, bitterlich genarrt!
Horch, die Krähen lärmen auf dem Anger,
wo der Schinder toten Gaul verscharrt!“

Einem Toten

Nur noch ein Aussen, das tote Gesicht,
das wir vergebens befragen.
Losch es ins Dunkel? Zündet ein Licht
sich ihm zu klarerem Tagen.
Keiner der weiss. Ahnung, ein Nichts,
will das Vertraute entgleiten.
Und nur die Liebe, stillen Gesichts,
darf hinter die Schwelle geleiten.

Gleichnis (Für Dich)

Die zwei Buchen, die der Wind bezwungen,
haben ihre Zweige fest verschlungen.
Kommt der Herbst, so lodern sie zusammen
wie ein Feuer brennen ihre Flammen.

Ihre Blätter sind wie rote Zungen,
tausend Zungen, die ein Lied gesungen.
Ihre Stämme werden nie sich kennen.
Aber ihre Kronen schreckt kein Trennen.

Winter naht und alle Blätter flattern.
Zweige starren kahl wie schwarze Nattern.
Neue Blätter wachsen, sich zu färben,
zu verflammen, brennend zu ersterben.

Odysseus

Aus Uferbüschen trat der Fremdling nackend.
Die Zweige schlugen derb um seine Blösse.
Fast glich er, blattgeschürzt, in seiner Grösse
Priapos auf dem Krug, die Nymphe packend.

Das Mädchen, schon den Fuß zur Flucht erhoben,
neugierig halb und halb erschreckt, verharrte.
Als sie der Nackte trog und artig narrte.
Bald brachte sie Gewänder, selbst gewoben.

Vielleicht, dass ihm ein Gott ins Ohr geflüstert,
von dem Gewand, an dem die andre webte,
von ihrer Hoffnung, der allein sie lebte.

Auf einmal schien des Gastes Stirn verdüstert.
In dieser Nacht verließ er die Phäaken
und schlief am Teichrand bei der Frösche Quaken.

Der Dulder

Alle Worte haben mich verlassen.
Alle Seufzer werden stumm in meinem Munde.
Ach, ich leide ...
Wüssten es die andern, wie ich leide,
weiser würden sie an meinen Schmerzen.
Doch ich schweige.

Pause

Ich muss jetzt warten bis die Stille spricht,
die es nicht duldet, dass man unterbricht.
Noch bin ich taub für ihre feinen Töne
und fürchte, dass ich mich des Worts entwöhne.

Ich bin ganz leer; und allem meinem Sinnen
wird keine Form. Ich fühle mich zerrinnen
wie Wasser, das im heissen Sand zerflossen
spurlos versickert, kaum, dass man's vergossen.

Doch einmal, wenn ich gar nicht daran denke,
wird mir der Stille Stimme zum Geschenke.
Dann werd' ich nicht mehr Wort mit Wort benennen,
nein: Wort und Wesen sind nicht mehr zu trennen.

Die Tauben flattern schwer vom Gesimse

Die Tauben flattern schwer vom Gesimse.
Verstummt ist das Gurren der zärtlichen Tage.

Im Rauschen der Flügel tönt Aufbruch des Sommers.
So rauschen die Nächte, wenn Herbstwinde wehen.

Graublau sind die Schwingen der kreisenden Tauben.
Starr blicken die rötlich umränderten Augen.

Graublaues Gewölke verschleiert den Abend,
bedeckt auch den Mond mit dem rötlichen Hofe.

Spätsommer

Das gelbe Korn in Ähren steht
Maria blickt vom Gnadenbild
Der Wind durch volle Wiesen weht,
bald regenschwer, bald sonnenmild.

Noch flügeln Schwalben hoch im Blau
Am Wetzstein schrillt der Schneide Schliff
Des Schnitters Hand, gekühlt von Tau,
packt derber zu am Sensengriff.

Die Grille zirpt im Abendgrün
Der Mond taucht aus dem Schlehenstrauch
Die Herde unterm Sternenblühn
liegt schläfrig rings am Reisigrauch.

Noch leuchtet Mohn am Feldrain rot
Die Luft durchbebt der Glocken Ton.
Im Uferschilf ruht manches Boot,
das treibt am Abend still davon.

Prosa

Märchen von den vier Brüdern

Es lebten vier Brüder, die grübelten über den Sinn des Lebens, saßen in ihrem Haus und zerdachten sich die Stirn.

Da sagte der eine und strich mit der Hand über sein rotgleißendes Haar: „Ich will gehen und die feurige Flamme nach dem Sinn befragen". Der zweite sagte: „Ich hole mir Antwort von der wehenden Luft", warf den Kopf in den Nacken, und sein Gesicht leuchtete. Der dritte: „Den ewigen Wassern will ich lauschen und ihrem Rieseln", und seine Augen glänzten sehnsüchtig wie in Tränen. Der letzte schwieg. Als sie in ihn drangen, wen er befragen wolle, sagte er ruhig: „Ich diene der lebendigen Erde und warte in Geduld", dabei sah er durchs Fenster, das weit offenstand und den Blick freigab auf sommerliche Wiesen, belaubte Bäume, einen blanken Fluß und die Türme der nahen Stadt.

Andern Tags nahmen sie Abschied voneinander, und da sie nicht wußten, ob sie sich je wiedersehen würden, schworen sie, sich gegenseitig Nachricht zu geben über ihr Schicksal und ihre Erfahrungen, wenn nicht durch Worte, so durch Zeichen. Dann zogen die drei Brüder aus, der vierte winkte lang unter der Tür.

Der erste schlug den Weg ein zur feurigen Flamme. Er erkannte die Richtung an mancherlei Zeichen. Schmiedeessen warfen roten Schein aus ihrem rußigen Dunkel; Kohlenmeiler im tiefen Wald wiesen ihn weiter mit langsam schwelender Glut; an einem Zigeunerlager brannte lodernd das gelbe Feuer, genährt von gestohlenen Scheiten und niedergerissenen Zweigen. Der Weg zog sich lange hin; im Herbst verriet der rauchige Geruch ihm die Kartoffelfeuer, bevor er sie sah, und einmal, in einer hellen Schneenacht, färbte sich der Himmel von dem gewaltigen Brand einer ganzen Stadt. Da wußte er, daß er sein Ziel bald erreichen werde. Im Gebirge stand er vor dem verfallenen Eingang eines verlassenen Bergwerks, Irrlichter tanzten blauzüngelnd auf dem moorigen Grund. Er stieg hinab durch die Dunkelheit, schritt die Gänge entlang in die Tiefe der Erde bis zu dem Reich der feurigen Flamme. Lange stand er und schaute. Da züngelten Flammen im Kreise in allen Stufungen von Rot und Blau und Gelb, in reinen und in verwischten Farben. Sie brannten, man sah nicht wovon genährt, es schien, sie verbrannten am eignen Feuer, lautlos, ohne Prasseln und Knistern. In ihrem Kreis türmte sich ein Berg von schwärzlicher Asche; er wuchs langsam und stetig, und über seiner Mitte schwebte ein leuchtender Schein, nicht Licht nicht Flamme, nicht hell nicht dunkel, ein Unnennbares. Auch strahlte vom Feuer nicht aus, was des Feuers Seele ist: Wärme.

Er beugte sich über die Flammen und tat seine Frage, das Gesicht auf den schwebenden Schein geheftet. Doch ward ihm keine Antwort, da befiel ihn Angst; er wollte enteilen wie ein Frevler, der Unheiliges begehrt, aber nun brannten die Flammen heller auf, griffen nach ihm und seinem Gewande und zogen ihn mit starker Gewalt in ihren Kreis. Einen Augenblick stand er ganz durchglüht, jeder Muskel, jeder Nerv, jede Blutbahn ward sichtbar, sein Herz erglühte rot, dann ward er zur Flamme und brannte lautlos mit, den schwebenden Schein zu nähren, der über dem Aschenberg hing.

Der zweite Bruder suchte den Weg zur wehenden Luft. Er trug den Kopf im Nacken; aufwärtsblickend ging er dahin und folgte den treibenden Wolken in Richtung der Winde. Er ging unter dem feuchten Westwind und ließ sein Gesicht vom Regen betauen, der Südwind fächelte ihn trokken und entzückte mit Düften sein Herz. An windstillen Tagen rastete er, lag im Walde und schaute zum Himmel oder stand in Städten unter offnen Torbögen, durch die Zugluft streifte, und ließ die Menschen an sich vorüberziehen, ohne sie zu beachten. Denn auch im Gewirr der Häuser und Gassen suchte sein Blick die Richtung am Himmel.

Darüber verrannen Sommer und Frühherbst, die leichten Winde zogen davon, Ost und Nord trieben ihn erschauernd weiter, unter kalten Regengüssen, ersten Schneefällen suchte er frierend das Ziel und wandte sich südwärts. Aber die freundlichen Winde mieden ihn. Zitternd duckte er sich unter der Wucht der Sandstürme und lag erschlafft von der Glut, die gewaltig über die weite Wüste wehte. Nur die Gewißheit, daß sein Weg bald enden werde, gab ihm die Kraft zum Weiterschreiten. An einem wolkenschattigen Tag, an dem die Winde sich alle vier um die Herrschaft stritten, betrat er ein enges Tal, das schmal zwischen schroffen Bergen lag. Hier staute sich die Luft, es war kühl und still. Trotzdem ergriff ihn Furcht, denn aus düsterm Himmel streifte ihn eisiger Lufthauch. Da wußte er: hier war das Ziel, und rief seine Frage in die Lüfte. Der saugende Wirbel verschlug ihm den Atem, ein gewaltiger Wind ergriff ihn, schleuderte den Körper empor in vielfachen Drehungen, bis er, ermüdet von der eigenen Gewalt, ihn fallen ließ, zerstiebend im rasenden Sturze, so daß keine Spur von ihm blieb.

Der dritte ging an alten Brunnen vorüber, die die Städte mit dem Atem des Wassers erfüllten, verweilte bei jedem und spiegelte sein Gesicht in den flachen Brunnenschalen. An Bächen zog er hinab, an Flüssen, verträumte die Nächte an blanken Seen und schilfumstandenen Weihern. Mühlenräder rauschten, die Sonne blinkte ihm entgegen von den glitzernden Wellen, Mond und Sterne belauschte er, wenn sie den Silberschein in den feuchten Spiegel tauchten. Das Wasser ward ihm zum Abbild der bewegten Welt, sein Weg war lieblich und seine Sehnsucht zerfloß ohne hohe Spannung in linden Tränen; seinen Durst stillten rieselnde Quellen, über dem Dahinschweifen vergaß er die Ursache seiner Wanderung. Erst als an den verhangenen Herbsttagen die Wasserfläche dunkler schien und wie erloschen und nicht mehr Erquickung bot, sondern durchdringende Feuchte ausströmte, gedachte er wieder seiner Sendung. Seine Sehnsucht verdichtete sich zu Schwermut und Traurigkeit, als der erste Frost den hellen

Spiegel blendete und mit Reif behauchte und ihm beim Hineinblicken das Wasser nicht mehr sein eignes Bild tröstlich entgegenhielt. Und als eines Morgens kein Wasser ihm entgegenblinkte, sondern der Fluß erstarrt lag unter der grünlichen Decke wachsenden Eises, da war ihm, als werde er zu seinem eignen Schatten und löse sich schwach von sich selber. So taumelte er durch die Tage und blickte angstvoll auf die gefangenen Wasser, die der Frost immer fester in Fesseln schlug. Am kürzesten Tag geriet er an einen See, durch dessen Eisdecke dunkle Augen zu blicken schienen. Begierig nach dem Anblick lebendigen Wassers verließ er das Ufer, glitt zu einem der aufgehackten Fischlöcher, und die Frage nach dem Sinn löste sich halb unbewußt von seinen Lippen, mehr ein Seufzen. Das Bersten des Eises drang nicht mehr zu seinen Ohren, als sein Fuß auf der Glätte fehltrat und die dunkelnde Schwärze des Wassers ihn einzog.

Der letzte harrte treu der Rückkehr der Brüder, obwohl die Weisheit des Herzens ihm die Antwort schon lange gegeben hatte; aber noch hatte keiner ein Zeichen gesandt, und seine Hoffnung war wie ein Ball, hin- und hergeschleudert zwischen Zuversicht und Befürchtung. Er suchte nicht nach dem verborgenen Sinn, lebte seine Menschentage und tat seine Arbeit, und da er in Ruhe werkte, nicht in Unrast suchte, fiel das Wissen darum ihm von selber zu: nicht auf einmal wie ein funkelnder Blitz, der einen Augenblick aufzuckt, um das Auge in doppelter Dunkelheit zurückzulassen, da es, unfähig so rasch zu schauen, sofort wieder vergessen muß, was an Erleuchtung ihm zufiel. Nein, das Wissen wuchs in seinem Gemüt, wie eine schöne Fernsicht, auf die man zuwandert, allmählich deutlicher vor den Blicken liegt, mit immer schärferem und klarerem Umriß, ohne daß Eile den Genuß der Wanderung trübt. Er sah viele Gesichter auf seinem Weg, junge und alte, frohe und bedrückte, ruhige und bewegte. Auch ihm brannte das Feuer, wehte die Luft, strömten die Wasser, aber immer hielt die lebendige Erde, über die er bewußt und festen Schrittes ging, ihn davor zurück, in unklarer Sehnsucht zu verbrennen, zu zerstäuben, zu zerfließen. So vergingen ihm die Jahre und er harrte nicht mehr auf die Zeichen seiner Brüder. Zu gewiß wußte er, daß sie verloren waren, verzehrt, aufgesogen, zerflossen in Sehnsucht.

Er erkannte, daß sie Toren waren, die das Ende vorweg nehmen wollten, als sie noch am Anfang ihrer Aufgabe standen: vor dem Leben selbst. Das Nächste immer galt es zu tun, zu leben, zu schauen, zu schaffen, und als Gnade winkte am Ende die Einsicht, daß Aufgabe und Sinn ineins verschmolzen. Dann nahten wohl der feurige Schein, die wehende Luft, die ewigen Wasser und nahmen sanft ihren Teil von dem, was erfüllt zurückkehrte zu der lebendigen Erde, aus der einst Gott den Menschen schuf.

Was haben Sie zum Thema Frau zu sagen?

Ein Märchen als Antwort

Das goldene Licht der Mittagssonne weckte Adam aus leichtem Schlummer, in dem er sich von der eigenen Trägheit erholte. Es war anstrengend, in dieser ziellosen Ewigkeit zu leben. Eine unbestimmte Unlust dämmerte immer häufiger durch seine Gedanken. Das war eine der ersten Erfahrungen, die er machte. Noch wusste er dem keinen Namen zu geben, aber seine Glieder waren schwer von Ueberdruss.

Er dehnte sich gähnend auf seinem Lager von duftenden Kräutern, Gräsern und Blumen. Als er aufstand, richtete sich alles Grüne und Blühende makellos wieder auf: es gab noch keinen Verfall. Gras, Blumen, Kräuter waren gleich jung, gleich alt; der Atem der Schöpfungstage haftete noch darauf.

Adam ging durch den prangenden Garten, ohne auf die Schönheit zu achten, so wenig wie dies die zahllosen Tiere taten, die in mancherlei Gestalt an ihm vorüberstreiften. Nachlässig lockte er ein grosses langmähniges Geschöpf; es schmiegte sein gelbes schönes Fell an Adams Hüfte und ging willig unter seiner Last, als er sich auf seinen Rücken schwang.

Die Luft schien lebendig von starken und zarten Gerüchen, von klingenden Tönen, gurrenden, singenden Stimmen. Alles war vollkommen; von der unantastbaren Schönheit des Zwecklosen; der Mensch war der Erfüllung so fern wie der Sehnsucht.

Durch sonnenflirrende Bläue kam Eva auf ihn zu. Er glitt von dem Rücken des Löwen. Seine Trägheit, deren dumpfes leises Bohren allmählich seinem Bewusstsein näher rückte, verflog, wenn sie um ihn war. Er fühlte sich lebensvoller, nicht mehr nur ein Teil dieses Gartens, ein Geschöpf unter vielen, deren Namen er nicht wusste, die ihm gleichgültig waren. Doch manchmal überkam ihn in ihrer Gegenwart schwankende Unsicherheit; ihm war, als belauere sie beide das gewaltige Wesen, das über ihnen war, unsichtbar, beängstigend, gebietend. Aber dieses Dunkle, Drohende hatte ihm doch Eva beigesellt, aus seinem eigenen Fleische gebildet, während er schlief. Zuweilen pochte ein ferner nagender Schmerz in seiner Brust.

Rosig stand sie vor ihm, duftend, glatthäutig; ein tiefes Behagen durchströmte ihn bei ihrem Anblick. Sie betrachtete ihn ruhig, mit unbewegtem Gesicht. Zum ersten Male sah er sich im Spiegel ihrer Augen, Furcht befiel ihn, er wusste nicht warum; er schlug die Lider zu Boden. Eva lächelte. Auch sie war voll Unruhe und Spannung; denn sie kam von dem seltsamen Baum, der sie unwiderstehlich anzog.

Aber Adam wurde heftig, wenn sie davon sprach, dem Befehl des gewaltigen Wesens zuwiderhandeln. Gut, mochte er gehorchen, sie, Eva, dachte nicht daran. Sie schloss die Augen; der einschmeichelnde Ton war wieder in ihrem Ohr, mit dem das geschmeidige bunte Tier sie zu verleiten suchte. Im ganzen Körper fühlte sie eine schwere Süsse, die von dem Nachhall der lockenden Stimme ausging.

Sie fasste nach seiner Hand und sprach leise auf ihn ein, bemüht, in ihre Stimme den saugenden Klang zu legen, der in ihrem Blute schwang. Adam lauschte mit halbgeschlossenen Augen. Es war angenehm, ihrem Flüstern zuzuhören. Warm wehte ihr Atem über seinen Nacken. Einen Augenblick lang durchfuhr ihn ein Vorgefühl seines künftigen Schicksals.

Leicht ging sie davon – sie kam zurück und trug die fremde verbotene Frucht in der Hand; tief grub sie die Zähne ins Fruchtfleisch, Saft trat in kleinen Tropfen auf ihre Lippen, ein fremder Hauch entströmte ihrem Atem. Adam erzitterte, aber da füllte schon eine unbekannte würzige Süsse die Höhlung seines Mundes und durchdrang sein Inneres.

Begierde nach der Frucht befiel ihn, er griff nach Evas Hand, sie entzog sich, die Hand mit der Frucht hoch über dem Haupt. Mit plötzlicher heftiger Wut stürzte sein Mund auf den ihren, weich und nachgiebig nahm sie ihn auf. Flammensteil und heiss erwachte Gottes Odem in ihm, für die Dauer eines zuckenden Herzschlages fühlte er sich, vermessen, dem ewigen Schöpfer gleich. Jäh durchblitzte ihn Erkenntnis bevor ihn rauschende Schwärze verschlang.

Abendschatten fielen auf ihre Trauer, als die durchglühte Verfinsterung von ihren Seelen wich: einer sog den Geruch des andern ein, er schien ihnen jetzt verschieden von dem Dufte des Gartens. Kleine Tropfen standen auf ihrer Haut, wie die Tropfen auf dem Fleische der Frucht. Salzig schmeckte ihren Zungen der erste Schweiss, er mischte sich bitter mit ersten Tränen. Das Gras lag welk und niedergedrückt von ihren Leibern, entwurzelt von der Heftigkeit ihrer Umarmung. Vergänglichkeit dunstete faulig aus der Erde.

Aneinandergeschmiegt erduldeten sie die Vertreibung. Wehmut erfüllte sie, so tief wie Glück; zum ersten Male erfuhren sie die Verschwisterung allen Gefühls.

Taumelnd schritten sie dahin, unter dem Ansturm der sich gebärenden Empfindungen. Das Tor des Paradieses schlug flammend zu; Mann und Frau gingen in die Wildnis. In jungem Glanze strahlten die Sterne. Dunkelheit warf ihren Anker in Adams Gemüt. Er klagte laut, solange, bis er erschöpft sein Haupt in Evas Schoss bettete. Der erste Menschenschlaf umfing ihn, die ersten Träume quälten ihn; zerrissen war das feine Gespinst der Unschuld. Schwer lastete seine Schwäche in Evas Schoss, wie eine reifende Frucht wuchs die Trauer in ihrem Leib. Aber aus den streichelnden Händen floss es wie Balsam über die Stirne des Mannes, in ihrem Herzen bewahrte sie die Kraft, die sie von ihm empfangen, wie eine Leihgabe, die sich in Trost verwandelte, wenn er dessen bedurfte.

Einsam bewachte sie seinen Schlaf: doch ihr Mund lächelte, als sie das Los der Frauen auf sich nahm.

Das Leben des Menschen hatte begonnen.

Marianne Rein.

Die Freundschaft

„Die Liebe gebar die Welt, die
Freundschaft wird sie wiedergebären."
Hölderlin, Hyperion

Die Liebe ist eins im Begehren und im Geben. Wie sie das Individuum wachsen macht, so reisst sie es zu sich, wie sie sein Leben hervorbringt, so ist sie ihm Tod. Die Urgewalt der Liebe begreift in sich die Furchtbarkeit des Zeugens und des Sterbens; dies alles ist eins in ihr. Der Schauder, die Angst, die Lust, die Erfüllung.

Die Freundschaft streicht leise über den Nacken des Freundes, sie weiss ihn. Die Freundschaft ist die wissende Liebe, die wissend gewordene. Die Freundschaft begehrt nicht unmittelbar. Aus dem Zusammensein der Freunde erhebt sich ein Drittes: der Geist. Aber das hat die Freundschaft von der Liebe, das hat sie mit ihr gemein, dass auch sie zu zeugen vermag. Auch die Freundschaft kann wachsen machen. Dadurch aber, dass die Freundschaft weiss, differenziert sich in feinster Verästelung durch sie die Kraft des Liebesstroms; der Freund bejaht den Freund an seiner Stelle, lässt ihn auf sich zukommen, gibt ihm, was mit dem Sein des Freundes lebendig sich vereint. Der Freund hat Scheu vor dem Freunde. Das heisst nicht, dass er ihn nicht auch emporrisse, zu sich risse. Aber niemals tut er es um der Unmittelbarkeit seines begehrenden Eros willen. So würde er die gemeinsame Gottheit beleidigen. Er tut es im Sinn und im Namen des Ideals, das aus der Scheu ihres Zusammenseins wächst.

Es stammt aus ihnen, aber immer ist es über ihnen. – Muss dieses Ideal ein jünglinghaftes Vorwärtsstürmen bedeuten? Oder kann es sich verwandeln in ein bewegtes Ruhen? So nähert es sich wieder den zeugenden Kräften der Natur, aus denen es stammt. Muss es Zwang werden und „Idee", oder kann es sich zurückverwandeln ins „Sein"? So erst hat der Geist seine Bestimmung erfüllt. Unter der Wirkung seines Zauberstabes verwandelt sich jede Natur in höhere Natur, besiegelt sich jede Natur zu sich selbst. Das ist der Sinn, das ist die Aufgabe der Freundschaft. Sie schöpft aus der Urmacht der Liebe und hat die wachsen machende Kraft mit ihr gemein. Aber sie rettet die Gestalten ins Ewige. Ins Ewige, das nicht mehr Ur-Chaos ist, sondern die Reinheit des ausgeformten Miteinanderseins. Unendlich zart ist die Blüte, die hier sich erhebt, und unendlich gebrechlich. Und doch hat sie teil an der köstlichen Strenge dessen, was gültig ist im Echtsein.

Kein eroshaftes Verlangen, kein Begehren kettet uns aneinander, mein Freund. Und dennoch tönt durch unser Zusammensein der kraftvolle, der unendliche Schlag der bauenden, der seienden Liebe.

Unsterblichkeit

Je tiefer wir in die Grundschichten unseres Wesens dringen, je mehr wir zu uns selber kommen, desto bewusster erfassen wir unmittelbar, gleichsam von innen her unsere Geschichte. Wir „erinnern" uns. Und wenn uns dann Geschichtsbilder, Kulturformen, vergangene Seinsweisen entgegentreten, so glauben wir plötzlich zu wissen: Hier waren wir mit einem Teil unseres Wesens einmal zu Hause, hier ist ein Stück unserer inneren Heimat. Je wesentlicher wir werden, desto stärker, desto eindeutiger werden solche Begegnungen sein. Es ist nicht von Seelenwanderung die Rede. Nicht, dass wir etwa – um ein Beispiel zu geben – im 17. Jahrhundert, in der Zeit der Gotik, im späten Rom schon einmal als dieses Individuum gelebt hätten. Aber Spuren sind in unserem Schichtenbau von solchem Sein. Es sind zum Teil wohl die Spuren der Vergangenheit unseres Geschlechts, unseres Stammes, bis zu einem gewissen Grade vielleicht unserer Familie.[1] Wie sie sich auf uns übertragen haben, auf welchem Wege die Vererbung des Gedächtnisses geistiger, kultureller, religiöser Umwelten vor sich geht, davon wissen wir wenig. Aber je länger eine einheitliche, eine kontinuierliche Linie festgehalten wird, je älter die „Zucht" eines Geschlechtes ist, desto tiefer bewahren sich in den Geschlechterfolgen wohl die Bilder, die Charakterformen und die inneren Antriebe. Wir sind, je mehr wir s i n d, in unserem Geschlecht und aus ihm.

Aber das Geschlecht ist sterblich, der Stamm, die Familie. Sie können gewiss auf reinen und bedeutenden Ursprungsetzungen beruhen und damit relative Beziehungen zu ewigen Werten haben. Aber sie sind nicht diese Werte. Und weil sie nicht selbst die an sich gültigen Ursprungswerte sind, sondern im besten Falle nur und auch nur in ihren besten Augenblikken an solchen Werten teilhaben, darum bedarf der Aufstieg des Menschseins der Individualität.

Das Tier erlischt, wenn sein Gattungswert abstirbt, die Pflanze ist vernichtet, wenn ihre Umweltbedingungen sich entscheidend ändern; der Stein kann nur in seinem Ursprungsgesetz ruhen. Das Neue, was den Menschen auszeichnet, ist sein Wert als Individualität.

Wenn die Zeit eines Geschlechts um ist, wenn alle Ausprägungskraft, die es für seine Selbstbehauptung in der Realität mitbrachte, erloschen ist, dann kann es sein, dass ein Einzelner die ganze Kraft des Geschlechts in sich sammelt, dass er den Daseinssinn, den geschichtlichen Sinn dieses Geschlechts rettet, indem er dessen zeitbedingte, müde gewordene Form übersteigt. Viel von solcher Müdigkeit wird vielleicht in ihm sein. Viele

---

1 Zum anderen Teil mögen Wunschbilder, die aus unserer Eigen-persönlichkeit aufsteigen, solche Begegnungen suchen.

Lasten wird das Geschlecht auf ihn häufen, bewusst und unbewusst, durch Vererbung und durch Handlungsweise. Als ein Opfer wird es ihn fordern. Es wird ihn hassen als den Stärkeren, als den Einsamen und wird sich instinktiv an ihn klammern. Aber wenn der Bezogenheitswert, auf dem das Geschlecht steht, echt in diesem Einsamen ist, in ihm neu erwacht, dann wird er übersteigen. Durch die Kraft des Individuellen übersteigt der Mensch. So hat er Geschichte. Und er, der Übersteigende, nähert sich den Grundgesetzen, in ihm hat das Geschlecht Unsterblichkeit.

Der Mensch hat teil am Urbewusstsein. Er ist und ist über sich hinaus. Die Setzung, aus der sein Geschlecht stammt, ist nicht das Erste und Letzte für ihn. Er überschreitet. Tiefer, schicksalsvoller sind seine Gebundenheiten als die irgend eines anderen Wesens; höher ist, wenn die Übersteigung gelingt, seine Freiheit. Von ihr auszustrahlen auf die Gesamtheit des Menschseins, ist seine Aufgabe.

Sind wohl alle Versuche, alle Ausformungen und ihr Reifwerden Versuche in der Richtung der Freiheit? Ist es die Aufgabe des Menschen, das Urbewusstsein auf neuer Stufe auszusprechen?

Doch dann erst ist er diesem Urbewusstsein wieder nahe, wenn er zur Einfachheit sich zurückfand, zur Einfalt.

In Dunkles sind wir gebunden, in unseren Stamm, in unsere Sinne, an unsere Stelle auf der Erde. Immer mehr steigt es in uns. Wir Letzten des Geschlechts sind am Ursprung, sind – die Ersten.

Der Mensch

Die Sterne sind unter uns, und die Sterne sind über uns; denn die Erde schwebt frei im Raum. Wir kommen aus dem Mass der Sterne und wir suchen das Mass der Sterne; aber unser Weg ist Gefahr. Denn wir sind Menschen. Nicht Steine, nicht Pflanzen, auch nicht Tiere.

Längst sind die Urstürme überdeckt, die zeugend und verwandelnd über die Erde, in der Erde und um sie rasten. Die Formen haben sich gesetzt, die Schichtungen sind klar geworden. Scheinbar ist ruhiger Kreislauf, herrscht eine gewisse Ausgewogenheit, ist relativer Friede. Aber im Menschen ist nicht Friede. Der Ursturm ist in ihn übergegangen, als in sein erstes, als in sein letztes Geschöpf. In den Menschen, in den Friedebringer, den geistigen Beherrscher der Materie? Immer ist Sturm in ihm, und sei es in der kläglichsten, in der herabgekommensten Form: in den gefesselten und unratschwangeren Instinkten des Philisters.

Erst wenn der Mensch zum Frieden kommt, ist die Welt im Gleichgewicht. Doch diese Aufgabe des Menschen ist unendlich, und er kann sie nur zu lösen versuchen in seiner Verwandlung. Erst, wenn das Geschlecht, der Stamm in ihm sich gewandelt hat, der Urdrang, der Geschlechterzwang, zur reinen Melodie des innerlich unabhängigen, freien und transzendental verbundenen Personseins. Die Aufgabe des Personseins ist dem Menschen gestellt; denn solch Personsein ist nicht Eigensucht. Es ist neue Seinsheimat, die es ohne den Menschen nicht gibt. Das Sein verlangt nach dem Menschen, um sich in ihm rein umzuformen. So ist der höchste Stolz des Menschen berechtigt. Über die Sterne wächst er und über ihr Mass, über die Sterne über ihm und die Sterne unter ihm. In ihm wollen sich ihre Kräfte treffen zu neuer Geburt. Ob er sie aufnimmt? Wenn die Stille in ihm ist, wenn sie in ihm ist als die reifste Frucht des zeugenden Ursturms; wenn das Leichte in ihm die Urschwere überwand.

Der Mensch ist der Sohn des Chaos, der gefährlichste und gefährdetste. Er ist der Treffpunkt, ist ein neuer Einheitspunkt aller Kräfte, wenn er das bindende Wort der Liebe fand.

Der Tod

Wenn unser Leben von innen her reift und sich klärt, so wächst in uns das Bewusstsein der Verbundenheit mit dem grossen Geschehen. So lange wir noch unser Einzelbegehren, unseren Einzelwillen überbetonen, so lange wir noch unser blosses Einzelinteresse suchen, so lange ist noch kein Wissen in uns um die großen Gesetze, denen wir eingeordnet sind, und denen wir mit oder gegen unseren Willen folgen müssen. Aber je mehr sich unsere Persönlichkeit verdichtet, je mehr sie zu sich selber kommt, zu sich findet, desto mehr wächst auch unser echtes aus der Tiefe des Erlebens sich gebärendes Bewusstsein, desto mehr kommt die Ruhe in uns des Geborgenseins in den grossen Gesetzen. Denn wir *sind* ja nur, soweit wir in der Einheit sind, soweit wir als Ganzes von der Ganzheit aufgenommen werden. Jede andere Ichbetonung ist Irrtum, Verfehlung, Weg in die Weglosigkeit. Reif werden heisst Heimat finden im Ganzen. Je mehr wir die innere Verdichtung unserer selbst erreichen, der „Heimat" uns nähern, desto weniger gibt es für uns die äussere Verlockung, das Getriebenwerden, die Suggestion; desto stärker sind wir in der Selbstbewahrung, in der Selbstbehauptung. Desto weniger verfallen wir dem Aberglauben an „Wunder", an willkürliches Eingreifen selbstherrlicher Mächte. Wie unser Wille sich einordnen muss dem Ganzen, so wird uns das Wirken der Gottheit aus dem Ganzen bewusst. Die Übergänge von Leben und Tod werden harmonischer, leidloser. Denn je reifer wir werden, desto beheimateter sind wir in den grossen Zusammenhängen, desto mehr *sind* wir. Und dies „Sein" ist zuletzt unzerstörbar.

Der Tod schreckt nur den, der nicht Schritt für Schritt zu gehen vermag, in dem nicht das Bewusstsein immer reiner wird, dass er – wenn auch an noch so kleiner, noch so unscheinbarer Stelle – aus den umfassenden Gesetzen der Gotteseinheit heraus geht.

Aber wer um das „Müssen" ernstlich weiss, für den ist das Müssen aufgehoben. Er tut zwar jeden Schritt als das Individuum, das er ist, sucht sich zu behaupten, sich im Dasein zu erhalten. Aber stets schwingt als grösserer Ton über seinem persönlichen Tun und Handeln das Gesetz des ewigen Seins. Dem Reifwerdenden ist es nicht dunkle Macht, in steigendem Maasse wird es ihm Freund und Gefährte des Selbstseins. Hat er doch den Gesetzen sich nicht untergeordnet in ängstlichem Sklavensinn, sondern in ungebrochener Selbstentfaltung. Und immer mehr wird diese Selbstentfaltung in ihm zur Seinsentfaltung; und ist er angelangt, oder ist er auch nur recht auf dem Wege, so ist Tod Erfüllung.

Der Geist

Dich prüfe Du zu allermeist,
ob Du Kern oder Schale seist.
Goethe.

Das Ende wissen wollen, die Sterne befragen? Auf dem Meer des Geschehens treibt unser kleines Schiff. Die Richtung ist in uns, oder sie ist nicht. – Alles überwältigt uns, alles ist stärker. Jedoch ruhig, gleichmässig blickt unser Auge. Es weiss. – Es weiss? Hat es die Sterne erforscht, hat es die Gesetze des Geschehens durchdrungen? Dies alles nicht oder doch nur in geringem Masse. Aber unser Auge, unser innerer Sinn hat begriffen, auf seinem Wege hat er es erfasst, dass das Kleinste stärker sein kann als das Grösste, das Zusammengefassteste stärker ist als das Ausgebreitetste, die Einheit stärker als die Vielheit.

Es gibt die Beharrung nach dem Gesetz der Trägheit, und es gibt die Beharrung nach dem Gesetz des Geistes. Die Beharrung nach dem Gesetz des Geistes ist die zeugerische Beharrung, vor der die „dämonische" Natur zurückweicht. Nichts hasst der Dämonismus des Geschehens, des getriebenen Handelns und Begehrens mehr als das Gesetz der geistigen Beharrung, als den Träger des geistigen Beharrens. Es stürmt gegen ihn an, es beruft sich auf die Kraft der grösseren Lebendigkeit. Aber der beharrende Geist schöpft aus der Kraft der Stille. Seine Stille ist nicht blosse Kontemplation, nicht blosse inaktive Betrachtung. Seine Stille ist der umhüllende Schutz seiner Seinsenergie zum Göttlichen hin. – Immer ist der Geist zunächst der Schwächere. Die Gewalten leben sich aus in ihrer unbekümmerten Kraft. Aber der geistige Mensch steht an der Wurzel, steht am Grundpunkt, sieht und erwartet den „Augenblick". Wahrt die Richtung. Das ist sein Wissen. Sein Wissen stammt aus der Energie seiner inneren Figur. Daraus zeugt es sich. Es ist kein rationales Wissen. Es ist ein an den Augenblicken der Berührung wachsendes Wissen, der Begegnung mit den Mächten des Gegenüber, die irgendwie auch Mächte innerhalb seiner selbst sind. Denn der Geistige steht auch sich selbst gegenüber. Was ihn umringte, bedrohte, was Zerrspiegel seiner eigenen Schwäche war, was Schicksal schien, ist, wenn er ausharrte, gleich kraftlosen Schatten, wandelt sich, fällt ab.

Immer leuchtet der Stern. Ist, was den geistiggewordenen Menschen führt, Sehnsucht, Verheissung? Es ist die innere Folgerichtigkeit seines Schrittes. Aus solcher Folgerichtigkeit gebiert sich in ständiger Auseinandersetzung, in ständigem Kampfe sein Wissen; dies Wissen wird zu kontinuierlich sich öffnender, stetig wirkender Offenbarung. Dem geistig gehenden Menschen wird auf seinem Weg Offenbarung zuteil. Sein Wissen ist erst vollendet, wenn er am Ende ist, wenn er bestand. Nichts war Fatum, alles war Prüfung, Reinigung, Bewährung seines aus dem Göttlichen stammenden, zum Göttlichen hinwandernden Kerns.

Die Puppen

Als sich das Erlebnis zutrug, von dem ich hier erzählen will, war ich ungefähr fünf Jahre alt. Es ist möglich, dass die Erinnerung in der Umschmelzung durch das Unbewusste sich von der sachlichen Wirklichkeit des Erlebten entfernt hat. Aber fällt nicht das, was nur dem Tag zugehört, zuerst dem Vergessen anheim, während das darunter Verborgene, eigentlich Bedeutsame, langsam weiterwächst und in sein eigenes Leben reift?

Der grosse Krieg hatte uns aus unserer zweiten Heimat, der italienischen Hafenstadt vertrieben, und wir lebten damals in der südlichen Schweiz, unseren Aufenthalt als vorübergehendes Zwischenspiel betrachtend, dessen Schauplatz die Merkmale des Provisoriums zeigte; die Hotelzimmer, die wir bewohnten, waren durchtränkt von der ungemütlichen Heimlosigkeit, die diesen Karawansereien eigentümlich ist. Dazu kam die Erkrankung meines Vaters, die ihn bis zu seinem Tod ans Zimmer fesseln sollte, meine Mutter der Möglichkeit beraubend, sich meiner tagsüber viel anzunehmen.

Natürlich gab es auch andere Kinder im Hotel; aber nach kürzerer oder längerer Zeit fuhren sie wieder fort, so dass ich frühzeitig den Schmerz des Abschiednehmens kennenlernte, jenes Gefühl, das der Trauer um einen Toten so ähnlich ist.

Ich spielte meist im Garten, der, soweit er sich vor der Hauptfront erstreckte, sorgfältig angelegt war, mit Blumenrabatten, Sträuchergruppen und südlichen Gewächsen; ja, einige Palmen flankierten den Eingang und standen als graziöse Silhouette gegen den rosigen Abendhimmel, mit den hoch angesetzten Blättern leise schwankend. Nach dem Hintergrund verlor sich die Künstlichkeit der Anlage in natürlicher Verwilderung, die ganz am Ende des Gartens in Verwahrlosung überging.

Noch heute fühle ich die Trostlosigkeit der vernachlässigten Gebüsche, mit ihren sperrigen, aufgeschossenen Zweigen, der ungepflegten Grasnarbe, unter der der kahle, sandige Boden sichtbar wurde und des Staubes, dessen stumpfe, glanzraubende Schicht alle Zweige und Blätter bedeckte. Einige alte Bäume strebten in schöner Gliederung in den durchdringend blauen Himmel, dessen Schein alle Lücken im Gesträuch erfüllte. Geruch nach Moder und Auflösung vermischte sich mit dem Dunst des Spüllichts, der aus den nahegelegenen Küchenräumen herüberdrang.

An einem schwülen Gewittertag im Frühsommer – die zartlila Trauben der Glycinien waren längst verblüht, doch später Jasmin duftete betäubend aus vielen weissen Sternen – hockte ich hinter den schwarzgrünen

Taxuswänden. Es war vollkommen still; kein Vogel sang und auch das Summen der sommerlich erregten Insektenwelt schien verstummt. Ich blickte angestrengt zwischen den Gitterstäben durch, die den Nachbargarten von unseren Anlagen schieden, nach dem Häuschen im Schweizerstil, dessen rotes Dach über die lichte, grüne Wiese schimmerte und in dem eine alte Frau mit ihrer Wärterin wohnte, die wir oft voller Neugier beobachteten, wenn sie, von ihr geführt, die schmalen Wiesenwege hin – und herging, mit kleinen Schritten trippelnd, vorüber an den heliotropumsäumten Geranienbeeten, deren Wohlgeruch in dichten Schwaden verrauchte.

Die zierliche Greisin, kaum grösser als ein halbwüchsiges Kind, die schwarz und nach längst verschollener Mode gekleidet, ein Spitzentuch über den weissen Haarsträhnen trug, die ihr mageres, kleines Gesicht umgaben, war nicht mehr bei Verstand, seitdem ihre drei Töchterchen, unmittelbar nacheinander am Scharlach gestorben waren. Nichts vermöge sie aus ihrer Teilnahmslosigkeit zu lösen, nur den Anblick von Kindern könne sie nicht ertragen – so hiess es – und in der Tat, sobald sie unserer ansichtig wurde, wenn wir, alle Vorsicht vergessend, die Köpfe durch die Gitterstäbe schoben, brach sie in gereiztes, weinerliches Kreischen aus, das dem hässlichen Krächzen der Rabenvögel glich.

Aber heute schien sie mich garnicht zu bemerken, obwohl ich neben dem Pförtchen sass, das stets verschlossen, in den Nachbargarten führte, unter dem grauen Gewitterhimmel, an dem sich dunkel Wolken ballten, während grelles Zwielicht mit jagenden Schatten wechselte, bis der erste Blitz alles in sein fahles Leuchten riss und ein kühler Windstoss die Wärme verjagte, die schwer zwischen dem Buschwerk hing. Noch hatte es nicht zu regnen begonnen. Da hörte ich das Rasseln aneinanderschlagender Schlüssel und sah die Wärterin sich der Pforte nähern, mir zuwinkend, und ich lief hin und betrat durch die aufgesperrte Gittertür den fremden Garten.

Ach, meinte die Wärterin, ein so grosses und kluges Mädchen, wie ich wohl sei, könne ihr einen rechten Gefallen tun. Gleich werde es anfangen zu regnen, die Nonna fürchte sich so vor dem Blitzen und habe sich kurzerhand ins Gras gesetzt – richtig, hinter dem Fliedergebüsch sass zusammengeduckt die alte Frau, wie eine schwarze Krähe und barg das Gesicht zwischen den Händen – sie selbst habe törichterweise den Schirm im Wohnzimmer stehen lassen; ob ich so lieb sei und ihn holen wolle, während sie der Nonna wieder aufhelfe und langsam durch den Garten nachkomme....

„Eine Treppe hoch und gleich die erste Tür", rief sie mir noch nach.

Da sprang ich auch schon quer über die Wiese und lief die Treppe hinauf, das Zimmer betretend, dessen Fenster halboffen stand, so dass der Zugwind die Tür dröhnend ins Schloss warf.

Ich blieb wie verzaubert stehen. Auf einem Sofa in der Ecke des Zimmers, neben dem Fenster, sassen steif aufgerichtet, mit im Schoss verschränkten Händen, drei kindergrosse Puppen, fast so gross wie ich selbst. Sie trugen altmodische, reichgestickte Kleidchen, hohe Knopfstiefel und lange Locken fielen ihnen auf die Schultern, während ihre hellen Glasaugen unbeweglich ins Leere starrten. Vom Boden erhob sich eine weisse Angorakatze und musterte mich aus honiggelben Augen, ein mächtiger grauer Papagei, in einem an Stangen schaukelnden Käfig, begann lärmend zu rufen: „Mafalda, Giovanna, Giulietta!" Ich begriff, dass das wohl die Namen der Puppen waren. Augenblicklich hatte ich über dem verwirrenden Anblick den Auftrag vergessen, der mich hergeführt, trotzdem jetzt draussen der Regen rauschend niederging, vom drohend verdunkelten Himmel, während das Zimmer wie erhellt war von dem wolkigen Gebausch zartfarbiger Stoffe, mit denen die Puppen bekleidet waren, so dass ein Leuchten von ihnen auszugehen schien, das die Düsterkeit noch bedrückender machte. Ich beugte mich zu den unbeweglichen Gestalten herab, scheu über die Locken streichelnd, die Gewänder betastend und wünschte innig, mich nie mehr von ihnen trennen zu müssen, sondern fortan mein ganzes Leben hier spielend zubringen zu dürfen.

Inzwischen näherten sich Schritte; die Wärterin, deren halblautes, scherzhaftes Schelten mich an meine Vergesslichkeit erinnerte, führte die trippelnde alte Frau zur Treppe herauf und ich erwachte aus meiner Versunkenheit.

Dann ging alles viel rascher, als ich erzählen kann. Die alte Frau steckte den mageren Vogelkopf zur Tür herein, hinter ihr erschien die kräftige Gestalt der Wärterin; beide vor Nässe triefend. Bevor jemand ein Wort sagen konnte, fuhr die Alte jammernd auf mich los, stiess mich von den Puppen weg, fortwährend nach ihren Kindern wimmernd und ich verstand, trotz meines Erschreckens, dass sie in den unbeweglichen Gestalten der Puppen ihre lebendigen Töchterchen zu sehen glaubte. Sie umfing die Gestalten mit einer Zartheit, in der sich die Verwirrtheit ihrer Gesten besänftigte, streichelte sie, hauchte leichte Küsse auf die Porzellanwangen, flüsterte Unverständliches in die Lippen der Figuren und legte horchend das Ohr daran, als warte sie darauf, dass ihr Anhauch die Puppen aus der Stummheit erlöse. Alles dies wurde übergellt von dem Geschrei des Papageis, der unablässig die drei Namen rief: „Mafalda, Giovanna, Giulietta!" und dessen nachahmender Klageton verriet, welcher Schmerz diese Namen hier beschworen haben mochte. Doch, als habe mein Anblick der Alten ins Bewusstsein gebracht, wie ein lebendiges Kind beschaffen sein müsse, so ergriff sie die mittlere der Puppen, ihr zornig einen der Namen ins Gesicht kreischend, und, als ihr keine Antwort wurde, umfasste sie die Puppe mit beiden Händen, bevor die Wärterin ihrer Absicht zuvorkommen, ja, überhaupt wahrnehmen konnte, was geschehen würde, schleifte sie zum Fenster und schlug sie, mit unvermuteter Kraft im Bogen an die Scheiben, die klirrend zersplitterten, während die Puppe im Gescherbe hängenblieb, selber zerbrechend, das Zimmer mit widerlichem Getöse erfüllte, bis sie, von der eigenen Schwere gezogen hinabfiel und unten dumpf aufklatschte im nassen Gras.

Ich stand schreckerstarrt, als sich die alte Frau mir zuwendete, mich zart an der Hand fasste und mir übers Haar strich, mit den selben Bewegungen, mit denen sie vorhin die Puppen geliebkost hatte. „Cara fanciulla," murmelte sie, „carissima fanciulla, bambina mia.." und so unvermittelt sie sich mir zugewandt, schienen ihr Bewegung und Erinnerung zu versagen; sie sank auf einen Stuhl, wo sie kraftlos zusammenfiel.

Die Wärterin winkte mir zu: ich solle fortlaufen, sagte sie, mein Anblick rege die Nonna auf; aber ich verstand sie nicht gleich, so nahm sie mich bei der Hand und führte mich aus dem Zimmer, die Treppe hinab und zur Tür hinaus, wo ich, aus all der Unwirklichkeit erwachend, wie aus einem Traum, eilig über die Wiese davonlief.

Da ertönte von neuem Geklirr und zurückblickend sah ich die alte Frau, die, Gott mochte wissen, wie sie hinaufgelangt war, hoch auf dem Fensterbrett stand, mit den Armen um sich schlagend wie ein Vogel mit seinen Flügeln, auf die Brüstung tretend, nach der hinausgefallenen Puppe spähte, sie jammernd beim Namen rufend und dann heruntersprang, aus der Höhe ins Gras. Ich hörte einen schwachen Ruf, dem das entsetzte Geschrei der Wärterin folgte, die, jetzt wieder das Zimmer betretend, alle Heiligen flehend beschwor; weiter vernahm ich nichts mehr; kopflos stürzte ich durch das noch offen stehende Pförtchen ins Gebüsch, wo ich zusammengekauert hockenblieb, während der Regen dünn verrieselte und die nassen Blätter bald wieder trockneten, unter dem blassgelben Sonnendunst, der allmählich den Himmel überspann. Erst, als es zu dämmern begann, stand ich langsam auf und ging, in mich versunken, durch die Hintertür ins Hotel, vorüber an Beppo, dem Hausknecht, der mich, nach seiner Gewohnheit, scherzend begrüsste, indem er ein Soldatenliedchen zu trällern begann, dessen Refrain, mit der Anspielung auf meinen Namen mich jeweils in gelinde Raserei versetzte

„Dio del ciel,
dio della terra,
l'uomo senza barba
somiglia un pomm' de terra...
E la Marianna, la va in campagna
fin che il sol tramontera..."

Sein Mund blieb erstaunt offenstehen, als ich, unvermittelt in heftiges Weinen ausbrechend, an ihm vorbeirannte, in die geöffneten Arme meiner Mutter, die gerade die Treppe herabstieg.

Übrigens hatte sich die alte Frau nicht zu Tode gefallen. Man barg die Verletzte und sie lebte noch lange in einer Anstalt für Irre. Die Puppen aber wurden am nächsten Tag abgeholt; ein Mann lud sie auf einen Handwagen, auch die Zerbrochene, die in ein weisses Tuch gehüllt war wie ein krankes Kind, und ich sah ihnen traurig nach, bis der letzte Schein der rosigen Puppengesichter hinter der nächsten Ecke verschwand.

Aprilvormittag

Nun beginnen wieder jene Tage, die nur ein einziger zu sein scheinen, der müde zur Rüste geht, indes das Feuer des Abends auf den Bergen weiterschwelt, die milde, besternte Nacht hindurch, bis der Morgenwind die Flamme von neuem anfacht. Das lichte Grün der Dämmerung scheint dem zarten Rot der Frühe so verwandt, wie das Blatt des Baumes der Blüte und die Tage blättern sich auf wie die jungen Knospen.

Die winterlich verborgene Wölbung des Himmels taucht aus den Wolken wie eine Muschel aus den Wellen des Meeres; das Jahr redet wieder in längeren Sätzen; nicht mehr die kurzen Ausrufe; die flüchtigen Seufzer; das endlose Schweigen; Schneefall, der den ganzen Tag währte und noch die lange Nacht hindurch; Abendrot zwischen Grau und Dunkel, ein schmaler Streifen am Horizont; der verstohlene Sonnenblitz über der Öde der Felder. Welcher Drang nun, inmitten aller Sanftheit! Es wirken die verborgenen Kräfte; in Blüten, Kräutern, Gräsern lächelt die Erde und verbirgt die Spannung, den Schmerz des Gebärens. Trügerische Schamhaftigkeit! Aus ersten Düften, Farben, Lichtern schmeichelt sich Verträumtheit ins Herz und schlägt Wurzel wie eine immergrüne Pflanze, die abendlich die violenblaue Blüte der Trauer treibt, die unvergängliche…

Erde und Himmel führen ein endloses Gespräch miteinander. Sie plaudern wie Weise, aus deren Worten der schmerzliche Unterton der Erfahrung dringt; die Worte, die sie so leicht sagen, steigen aus dem Wissen wie die Vögel aus Nestern schweben, hoch, ins höchste Blau, aber am Ende des Fluges gleiten sie nieder und gehen in den Nestern zur Ruhe. Die Erde plaudert; der Himmel gibt Antwort; wir sitzen und lauschen dem Gespräch der hauchenden Winde, der sprühenden Schauer. Der Himmel lockt, o, blassblaue Leere! grundlose Unendlichkeit die Erde beruhigt, o, übergrünte Bräune! zwischen Hemmung und Verführung ruhen wir in der gelben Sonne, bis das Blut leise zu summen beginnt wie Bienen, die um die Ohren schwärmen. Wir öffnen die Lider, berauscht von Wärme und blühendem Gold im Innern; Grau fällt ins Herz wie Wolkenschatten über Helle; noch ist es früh im Jahr.

Die unverdrossenen Sperlinge haben die Unbill des Winters vergessen; sie schilpen und lärmen, doch ihre Disharmonien drohen den Frühling zu vertreiben und aus fahlem Dunst lösen sich verspätete Flocken. Aber im Reich der Vögel – zwischen Ästen und Kronen – herrschen die blaugelben Meisen, die bunten Finken, die schwarzen Stare. Ihr Geschwirr erst macht die Luft sichtbar; Sonne fällt durch die verschwommene Helle und die Amseln im Gras schütteln die Tropfen aus dem Gefieder.

Der Knabe, der regungslos am moosgrünen Teich verharrt, widersteht den Rufen seiner Gefährten, die über die Wiesen laufen und achtlos die Veilchen zertreten. Die Seichte des niedrigen Gewässers wirft sein Bild zurück und es spiegelt sich in dunklerer Tiefe, dem Auge entgleitend und doch den Blick erfüllend im Widerschein eines vertieften Glanzes. Die Enge der Brust vermag die Weite des Lebens noch nicht zu fassen; so steht der Knabe, wie lauschend, mit geneigtem Kopf und ist sich selber fremd. Aus der schwarzgrünen Taxuswand lächelt der steinerne Faun, dessen behaarte Fäuste den geflügelten, fortstrebenden Eros gefangenhalten.

Viele Menschen gehen um die Mittagsstunde eilig durch den Park; der trockene Sand knirscht unter den Füssen, vor Kurzem noch knirschte der Schnee. Doch die Wandlung des Jahres vermag die Eiligen nicht zu halten; sie unterliegen nicht dem Zauber der Dämpfung. Die auf den Bänken Sitzenden folgen ihnen mit gemächlichen Blicken und mitten unter den Hastenden schlendert das verliebte Paar. Der Mann hält die Stirne ins Licht, das lächelnde Mädchen an seiner Seite erschrickt ein wenig, als es die Schwangere sieht, die ihren schweren Leib vor sich herträgt, in dem das Kind wächst, wie die Wurzeln in der Erde. Das Mädchen betrachtet nachdenklich die hochstengligen schlanken Tulpenknospen, die sich schmal im Winde wiegen; es strafft die Schultern und nimmt sich ins sich selbst zurück; nun streift die kühlere Luft zwischen den Beinen hindurch.

Ein Gärtner harkt die Wege und trocknet ersten Schweiss von der Stirne. Das Rot des Tuches leuchtet so grell wie das Rot der Tulpen. Seine Haut ist hart und hornig; er stellt den Rechen zu Seite und atmet tief; dann spuckt er in die Hände, reibt sie aneinander und glättet von Neuem den Sand auf den Wegen.

Bildtafeln

Archivio (Stato Civile)

CITTA' DI GENOVA

STATO CIVILE ( )

Archivio (Stato Civile)

Registrato N. 0 423

Rein
Marianna

ESTRATTO ATTO DI NASCITA

(R. Decreto 25 agosto 1932, n. 1101)

(Ufficio 1° Anno 1911 Atto N. 20 Parte 1ª Serie)

(Omissis)

Si dà atto che alle ore undici e minuti zero
del giorno due gennaio
mille novecentoundici
nacque in Genova (Via Caffaro
n. 5) un bambino di sesso femminile
cui vennero imposti i nomi di Marianna Dora
figlio di
Gustavo Rein suddito germ. ...
e di Edvige Schwabacher
domiciliati in Genova

Non risultano annotazioni marginali di matrimonio.-

MUNICIPIO DI GENOVA
DIRITTI DI STATO CIVILE

Rilasciato il presente da valere come meglio
Genova 4 gennaio 193 9 XVII

Collazionato

L'Impiegato

L'Ufficiale dello Stato Civile

(*) Professione o condizione

CITTÀ DI GENOVA · STATO CIVILE

Auszug aus dem Geburtsregister der Stadt Genua für Marianne Dora Rein. Aus dem Gestapoakt von Hedwig Rein, Staatsarchiv Würzburg Nr. 10115

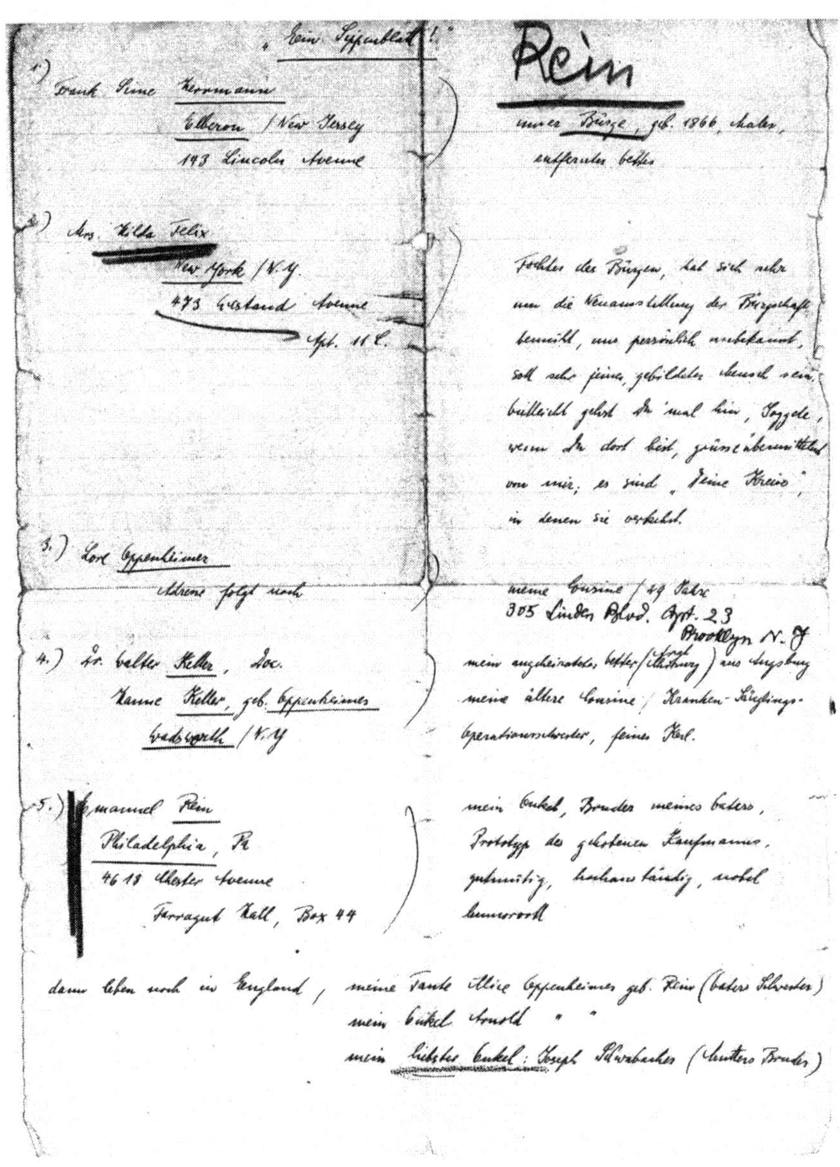

„Ein Sippenblatt!“

Rein

1.) Frank Rine Herrmann
Elberon / New Jersey
143 Lincoln Avenue

unser Bürge, geb. 1866, Maler, entfernter Vetter

2.) Mrs. Hilda Felix
New York / N.Y.
473 Westend Avenue
Apt. 11 C.

Tochter des Bürgen, hat sich sehr um die Neuausstellung der Bürgschaft bemüht, uns persönlich unbekannt, soll sehr feiner, gebildeter Mensch sein, vielleicht gehst Du mal hin, Toggele, wenn Du dort bist, grüsse übermittelnd von mir; es sind „feine Kreise“, in denen sie verkehrt.

3.) Lore Oppenheimer
Adresse folgt noch

meine Cousine / 49 Jahre
305 Linden Blvd. Apt. 23
Brooklyn N.Y.

4.) Dr. Walter Keller, Doc.
Nanne Keller, geb. Oppenheimer
Wadsworth / N.Y

mein angeheirateter Vetter ([illegible]) aus Augsburg
meine ältere Cousine / Kranken-Säuglings-Operationsschwester, feiner Kerl.

5.) Emanuel Rein
Philadelphia, Pa
4618 Chester Avenue
Farragut Hall, Box 44

mein Onkel, Bruder meines Vaters, Prototyp des gebotenen Kaufmanns, gutmütig, hochanständig, nobel, humorvoll

dann leben noch in England, meine Tante Alice Oppenheimer geb. Rein (Vaters Schwester)
mein Onkel Arnold " "
mein liebster Onkel: Joseph Schwabacher (Mutters Bruder)

Ein Sippenblatt, von Marianne Rein an Jakob Picard zur Information über ihre in den USA lebenden Verwandten gesandt. Aus dem Nachlass von Jakob Picard, Leo Baeck Institute, New York

EDUCATION · IMMIGRATION · PEACE · RELIGION · SOCIAL LEGISLATION · SOCIAL SERVICE

NATIONAL COUNCIL OF JEWISH WOMEN
INCORPORATED
1819 BROADWAY
NEW YORK

TELEPHONE · CIRCLE 6-3175 CABLE ADDRESS · COUNJEW · N. Y.

June 19, 1941

Dr. Jakob Picard,
31 - 75th St.,
North Bergen, N. J.

RE: REIN, Marianne

Dear Dr. Picard:

We are very sorry to advise you that all our efforts in behalf of Miss Marianne Rein did not meet with success. We found that Mr. Herrmann and Mrs. Felix were entirely unwilling to be of any assistance in this matter, and we could not persuade them to change their minds. We also communicated with a Dr. Walter Keller, of Wadsworth, N. J., who we had learned was very much interested in Miss Rein, but found unfortunately that he is not in a financial position to furnish affidavits of support for Miss Rein.

We have advised Miss Rein of the result of our investigation, and have asked her to send us if possible the names and addresses of other relatives or friends in this country with whom we can communicate in her behalf. Unfortunately, there is no other way in which we can be of service to her.

Sincerely yours,

Evelyn R. Meyer
Evelyn R. Meyer

erm/gs

Mrs. Maurice L. Goldman, *President*, San Francisco, Calif.
Mrs. Joseph M. Welt, *First Vice-President*, Detroit, Mich.
Mrs. Oscar S. Marx, *Second Vice-President*, Mount Carmel, Ill.
Mrs. Benjamin Spitzer, *Third Vice-President*, Brooklyn, N. Y.

Mrs. Hannah G. Solomon, *Honorary President*, Chicago, Ill.

Mrs. Jacob Loeb Langsdorf, *Treasurer*, Philadelphia, Penna.
Mrs. Edgar Mendelson, *Recording Secretary*, Cincinnati, Ohio
Miss Aimée Stone, *Financial Secretary*, Philadelphia, Penna.
Mrs. Karl J. Kaufmann, *Chairman, Executive Comm.*, Pittsburgh, Penna.

Mitteilung des National Council of Jewish Women über deren vergebliche Bemühungen, eine Bürgschaft für Marianne Rein zu erlangen. Aus dem Nachlass von Jakob Picard, Leo Baeck Institute, New York

Nr.:	Zuname:	Vorname:	Geb.Tag u.-ort:	Staats-angeh.:	früherer Beruf:	letzte Wohnung:	Evak. Nr.:
150	Rein	Hedwig Sara	17.4.82 Würzburg	D.R.	Hausfrau	Schillerstr.8	348
151	"	Marianne Sara	2.1.11 Genua	"	Haushalt-hilfe	"	349
152	Schwab	Pauline Sara	27.9.89 Rimpar	"	Haushalt-hilfe	Faulenbergstr. o.Nr.	350
153	"	Theodor Israel	12.2.25 Fürth	"	Schlosser-lehrling	"	351
154	Beermann	Marie Sara	9.6.80 Ansbach	"	ohne	Domerschulstr. Nr. 25	352
155	Beermann	Hedwig Sara	9.3.88 Ansbach	"	ohne	"	353
156	Blumenthal	Nanni Sara	19.1.83 Laudenbach	"	ohne	Dürerstr. 20	354
157	Dick	Jenny Sara	18.2.86 Oberaltert-heim	"	ohne	Bibrastr. 6	355
158	Friedenhain	Else Sara	17.10.82 Urspringen	"	ohne	Bibrastr. 6	356
159	Fromm	Rosa Sara	3.8.81 Würzburg	"	ohne	Konradstr. 3	357
160	Fürther	Karoline Sara	29.6.80 Lengfurt	"	ohne	Bibrastr. 6	358
161	Goldschmidt	Else Sara	15.2.00 Mönchsroth	"	Hausfrau	Hindenburgstr. Nr. 21	359
162	Grünbaum	Rina Sara	23.2.11 Kleinstei-nach	"	Hausange-stellte	Bibrastr. 6	360
163	Gundersheim	Johanna Sara	9.3.98 Würzburg	"	ohne	Sebastiani-steig 2	361
164	Meyer	Alice Sara	20.6.01 Würzburg	"	Geschäfts-führerin	Sebastiani-steig 2	362
165	Heimann	Karoline Sara	12.5.85 Wenkheim	"	Hausange-stellte	Dürerstr. 20	363
166	Hanauer	Amalie Sara	5.11.81 Westheim	"	ohne	Konradstr. 3	364
167	Israel	Margot Sara	10.3.09 Hamburg	"	Wirtschaf-terin	~~Konradstr. 3~~ Dürerstr. 20	365
168	Kleemann	Hermine Sara	14.9.81 Würzburg	"	Filiallei-terin	Friedenstr.26	366
169	Kleemann	Ida Sara	23.7.85 Würzburg	"	Filiallei-terin	"	367

Auszug aus der Deportationsliste der Gesstapo vom 19.11.1941, Gestapoakt Staatsarchiv Würzburg Nr. 18874

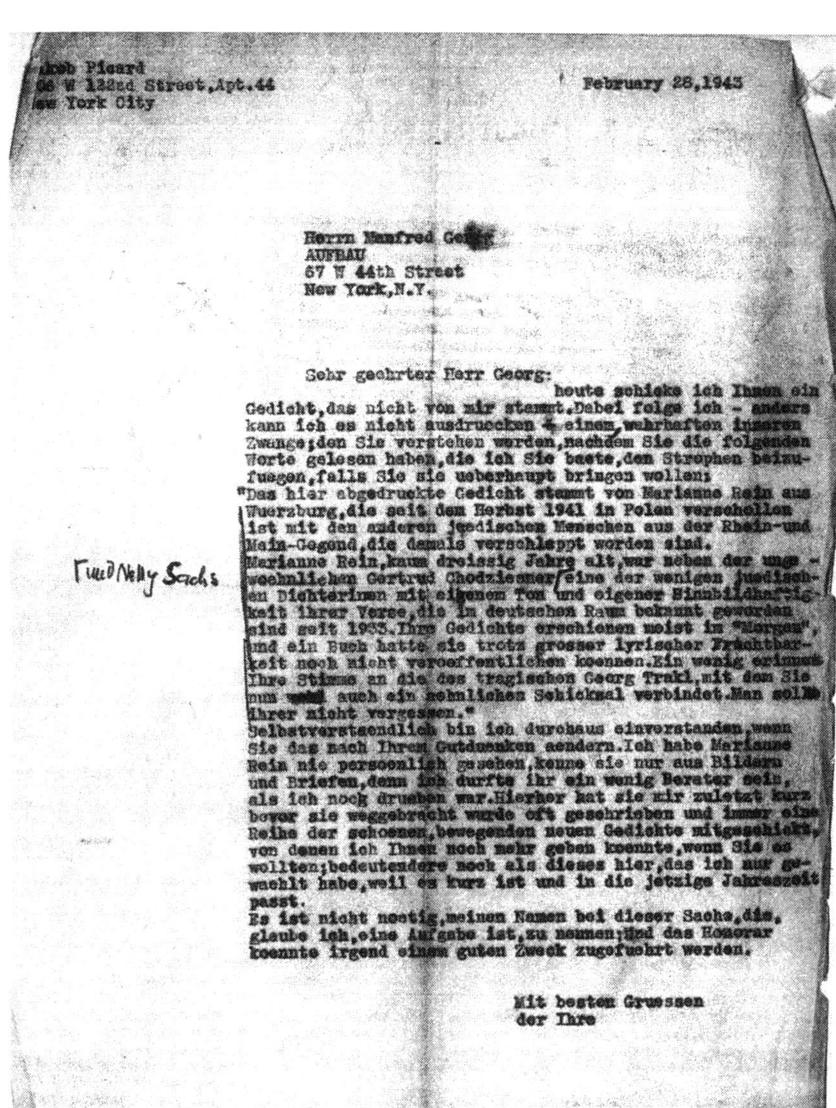

Jakob Picard
606 W 122nd Street,Apt.44
New York City

February 28,1943

Herrn Manfred Georg
AUFBAU
67 W 44th Street
New York,N.Y.

Sehr geehrter Herr Georg:

heute schicke ich Ihnen ein Gedicht,das nicht von mir stammt.Dabei folge ich – anders kann ich es nicht ausdruecken – einem,wahrhaften inneren Zwange;den Sie verstehen werden,nachdem Sie die folgenden Worte gelesen haben,die ich Sie baete,den Strophen beizufuegen,falls Sie sie ueberhaupt bringen wollen:

"Das hier abgedruckte Gedicht stammt von Marianne Rein aus Wuerzburg,die seit dem Herbst 1941 in Polen verschollen ist mit den anderen juedischen Menschen aus der Rhein-und Main-Gegend,die damals verschleppt worden sind.
Marianne Rein,kaum dreissig Jahre alt,war neben der ungewoehnlichen Gertrud Chodziesner und Nelly Sachs eine der wenigen juedischen Dichterinnen mit eigenem Ton und eigener Sinnbildhaftigkeit ihrer Verse,die im deutschen Raum bekannt geworden sind seit 1933.Ihre Gedichte erschienen meist im "Morgen", und ein Buch hatte sie trotz grosser lyrischer Fruchtbarkeit noch nicht veroeffentlichen koennen.Ein wenig erinnert Ihre Stimme an die des tragischen Georg Trakl,mit dem Sie nun auch ein aehnliches Schicksal verbindet.Man sollte ihrer nicht vergessen."

Selbstverstaendlich bin ich durchaus einverstanden,wenn Sie das nach Ihrem Gutduenken aendern.Ich habe Marianne Rein nie persoenlich gesehen,kenne sie nur aus Bildern und Briefen,denn ich durfte ihr ein wenig Berater sein, als ich noch drueben war.Hierher hat sie mir zuletzt kurz bevor sie weggebracht wurde oft geschrieben und immer eine Reihe der schoenen,bewegenden neuen Gedichte mitgeschickt, von denen ich Ihnen noch mehr geben koennte,wenn Sie es wollten;bedeutendere noch als dieses hier,das ich nur gewaehlt habe,weil es kurz ist und in die jetzige Jahreszeit passt.

Es ist nicht noetig,meinen Namen bei dieser Sache,die, glaube ich,eine Aufgabe ist,zu nennen;Und das Honorar koennte irgend einem guten Zweck zugefuehrt werden.

Mit besten Gruessen
der Ihre

Schreiben von Jakob Picard an den Aufbau-Verlag, New York vom 28.2.1943. Aus dem Nachlass von Jakob Picard, Leo Baeck Institute, New York

Suchst Du im Leben Richtung und Ziel,
Brauchst Du so leicht nicht irre zu gehn:
Wegweiser triffst Du beim Wandern viel,
Musst sie zu lesen nur verstehen.

Behalte stets in gutem Gedenken
Deine Freundin Marianne

Würzburg 26. Mai 1926.

Eintrag von Marianne Rein im Poesiealbum ihrer Freundin Ruth Meyer

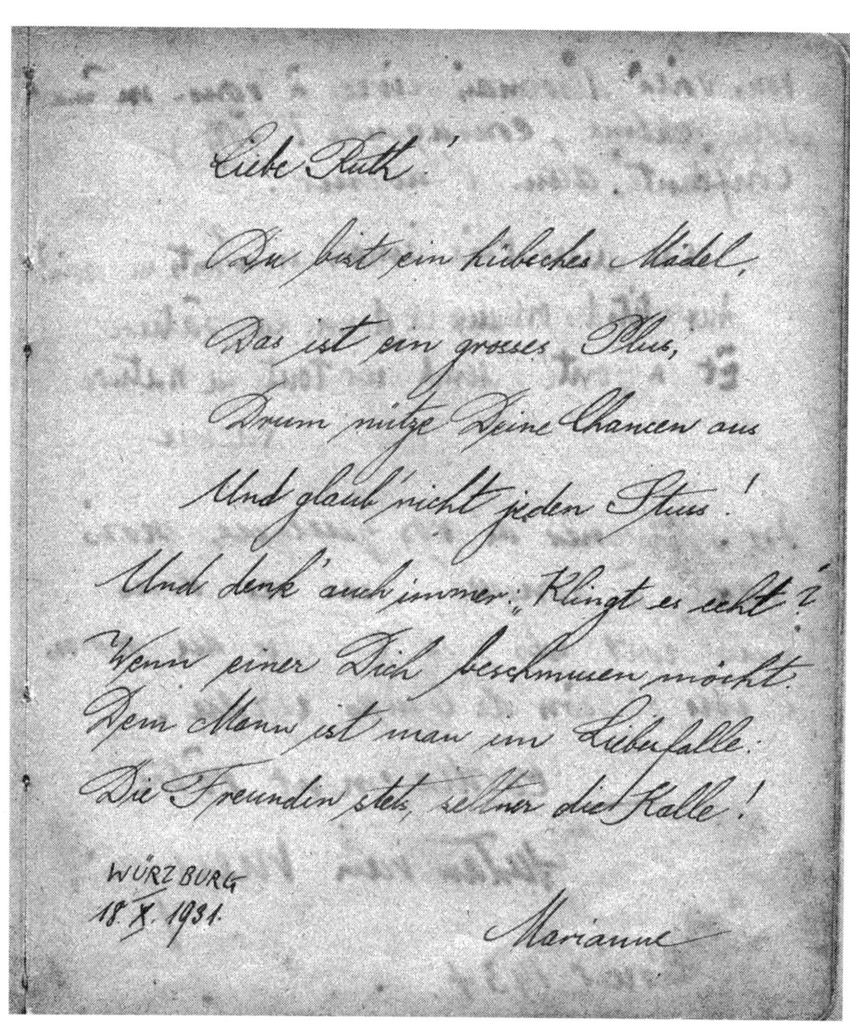

Liebe Ruth,

Du bist ein hübsches Mädel,
Das ist ein grosses Plus,
Drum nütze Deine Chancen aus
Und glaub nicht jeden Stuss!
Und denk auch immer: Klingt es echt?
Wenn einer Dich beschmusen möcht.
Dem Mann ist man im Liebesfalle
Die Freundin stets, seltner die Kalle!

WÜRZBURG
18. X. 1931.

Marianne

Eintrag von Marianne Rein im Poesiealbum ihrer Freundin Ruth Meyer

Mädchenfoto, undatierte Fotografie, M = Marianne Rein, L = Lisel Steinhardt, R = Ruth Meyer

Klassenbild, Aufschrift auf der Rückseite: 4. Klasse Volksschule 1921, Kennzeichnung M = Marianne, R = Ruth Meyer, L = Lisel Steinhardt

Klassenbild, undatierte Fotografie, Kennzeichnung wie vorstehend, nach Roland Flade, Die Würzburger Juden, mit Direktor Aron Mandelbaum

Die Kennzeichnungen M, R und L auf den vorstehenden drei Fotos stammen von Mariannes Jugendfreundin Ruth Eltes, geb. Meyer

Aufschrift auf der Rückseite: 1927, links = Marianne, Mitte = ich (Ruth Meyer)

Undatierte Fotografie

Handschriftlich datiert Juli 1935. Aufschrift auf der Rückseite: Vielleicht kannst Du mich drüben verkuppeln!

Undatierte Fotografie

Undatierte Fotografie

Undatierte Fotografie. Alle Fotografien wurden der Herausgeberin von Ruth Eltes, geb. Meyer, Haifa, mit Brief vom 29.01.2006 übersandt.

Die jüdische Gemeinde bis 1933

Die Aufhebung des Matrikelparagraphen im Jahr 1861 hatte ein Anwachsen der Gemeinde zur Folge. Sie baut deshalb ihre Einrichtungen aus, ist wohlhabend und organisatorisch hervorragend aufgestellt. Dem entspricht ein bemerkenswertes religiöses und kulturelles Profil – gerade weil sich im Gemeindealltag reformierte und orthodoxe Juden gegenüber stehen. Obwohl der Kult liberal dominiert wird, bleibt die Position der Orthodoxie stark.
Seit dem 19. April 1881 ist der Sohn des »Würzburger Rav«, Nathan Bamberger, Rabbiner. Er leitet unangefochten die »Israelitische Lehrerbildungsanstalt«, deren Schülerzahl und Ansehen nach wie vor ständig wachsen. Nach seinem Tod einigen sich am 24. März 1920 Orthodoxe und Reformierte erstmals seit 1814 auf einen gemeinsamen Kandidaten: den orthodoxen Rabbiner Dr. Siegmund Hanover.
Auch die liberalen und reformierten Juden Würzburgs sorgen für internationale Wahrnehmung. Wie Oskar Laredo, der in den 1920er Jahren ein »Graphisches Kabinett« einrichtet, das sich zu einem wichtigen Ausstellungs- und Diskussionsforum für zeitgenössische Graphik und Malerei entwickelt. Oder Jakob Strauss, der das »Central-Cafe« in der Eichhorn-Strasse zu einer der bekanntesten Kleinkunstbühnen in Deutschland macht. Hierher gehören auch der Maler Joseph Oppenheimer, die Dichterin Marianne Rein oder Norbert Glanzberg, der später in Berlin die Musik für viele UFA-Filme schreibt und mit Emmerich Kalman zusammenarbeitet. Er emigriert nach Frankreich, wo ihn Maurice Chevalier und Tino Rossi vor den Nazis verstecken.
Bis 1933 ist die jüdische Gemeinde in Würzburg ein beachtlicher Kulturfaktor – in der Stadt ebenso wie im europäischen Vergleich.

Text auf einer Gedenktafel im Museum Shalom Europa in Würzburg

Briefe an Jakob Picard (Ausschnitte)

25. VIII. 1938:

„Es ist überhaupt eine eigene Sache mit Briefen. Mehr wie die meisten Gespräche geben sie oft den „Extrakt einer Persönlichkeit“, eine Ballung „der Seelen“ und Geisteskraft, da alles Zerstreuende, Blick, Ton, Gebärde wegfällt. Manchmal kommen mir meine Briefe vor, wie Lügen, denn indem ich diese Meinung äussere, behaupte von jener Erkenntnis durchdrungen zu sein, kommt mir zum Bewusstsein welch ein Unterschied noch besteht zwischen der „schreibenden“ und der „lebenden“ Marianne. Betrüge ich, indem ich mich im Brief von meiner besten, weil wesentlichen Seite zeige? Müsste ich den Empfänger nicht warnen davor, mich mit dem zu identifizieren, was ich vorgebe zu denken, glauben, fühlen? Das Streben sei es noch so rein ist leider blutlose Theorie und in der Praxis siehts „trübe“ aus.

Aber trotzdem möchte ich beides nicht vermissen: die Unzufriedenheit, die treibende, und die Sehnsucht, die so eigentlich mein Teil ist, dass ich gar nicht weiss, ob ich mir wünschen soll, dass Erfüllung an ihre Stelle tritt. Früher hab' ich die Sehnsucht verflucht, die mich unruhig machte und unzufrieden; da las ich einmal die Worte Novalis':

„hätten die Nüchternen
einmal gekostet,
alles verliessen sie
und setzten sich zu uns
an den Tisch der Sehnsucht,
der nie leer wird.“

An dem Tag, an dem ich das zum ersten Mal las, war ich richtig glücklich und voll Frieden. Ach, es ist zu schön zu wissen, dass es ja gar keine Einsamkeit gibt. Immer schon lebten Menschen, die uns Brüder und Schwestern im Geiste hätten sein können, immer wieder wird es solche geben. Und das Bewusstsein von unser aller Einsamkeit hebt diese doch eigentlich auf, ebenso wie man weiss, dass jeder lieben will und geliebt werden.“

22. Juli 1939:

„Zukunftspläne habe ich erst seit November. Das klingt merkwürdig; die Ereignisse des Novembers bedeuten, wie mir immer klarer wird, einen Einschnitt in meiner inneren Entwicklung. Vorher habe ich mich einer gewissen Resignation ergeben, aus vielerlei Gründen, mit deren Aufzählung ich Sie nicht belästigen mag. Sie wissen ja bestimmt, Herr Doktor, dass ich in meiner „persönlichen Freiheit“ und „Entschlussfreiheit“ etwas offensichtlicher „gehemmt“ bin, als die meisten Menschen; ich leide (leiden: ist viel zu tragisch ausgedrückt, denn ich „leide“ eigentlich nicht darunter) an Platzangst in einer ziemlich unangenehmen Form, seit meinem vierzehnten Lebensjahr. Es kommt dazu noch manches Konstitutionelle, dazu verkehrte Lebensumstände, mancherlei, was ich erst heute klar erkenne.

Diese Einschränkung hat bis jetzt verhindert, dass ich an Auswanderung je gedacht hätte, d.h. jemanden um Bürgschaft oder dergl. jemals angegangen wäre. Das vergangene Jahr hat mich allen Sorgen, die einer begreiflichen Rücksichtnahme und Gewissenhaftigkeit entsprangen, enthoben. Meine Mutter und ich haben eine Bürgschaft, allerdings eine Wartenummer (Stuttgart) in den Zwanzigtausendern; aber, da fast sämtliche unserer Verwandten inzwischen nach England auswanderten, habe ich die begründete Hoffnung, auch bald einen Hausmädchenposten drüben annehmen zu können. Inzwischen will ich sehen im hiesigen Krankenhaus noch ein gehöriges „Belastungstraining" mitzumachen, d.h. Kochen, Putzen, Waschen, Pflegen im Grossen und bewusst Anstrengenden mitzumachen, damit ich draussen nicht zu den „törichten Jungfrauen" gehöre...."

„Da ich von Natur ausgeglichen, fast heiter, bin, Sinn für Humor hab', eigentlich auch Talent an allem etwas Angenehmes, ein „Dennoch" gewissermassen zu finden, ist mir gar nicht bang. Das Leben ist schön... früher hätte ich gesagt: das Leben ist schön!!!!!!! Interpunktion und Lautstärke haben sich geändert, ob's ein Nachteil ist muss die Zukunft zeigen. Vielleicht geht auch noch mal meine Sehnsucht in Erfüllung, mit einem Menschen gemeinsam zu gehen, den man lieb hat, im gegenseitigen Geben und Nehmen. Wenn mir das Leben noch diese Gnade schenken wollte, für die ich mich, so komisch es klingt, aufgespart hab', dann wollt' ich am Ende ein Hoch ausbringen...auf das Leben. Aber das ist Gnade und nicht zu zwingen und wir alle haben es da nicht leicht.

Soviel von mir, schon zuviel; ich bin nicht mehr daran gewöhnt von mir zu sprechen und ich habe alle meine Wünsche und Hoffnungen so gut verkapselt und eingewickelt in einer verborgenen Seelenschublade, dass ich's machen möcht', wie's die neugierigen Frauen in den Märchen nicht taten, nämlich: leise vorbeigehen an der verschlossenen Türe.

Lieber Herr Doktor Picard, wissen Sie, dass ich noch nie darüber nachgedacht habe, ob „diese Dinge" noch „Lebensrecht" haben in unseren Tagen und für uns und ob man sie noch ernst nehmen darf. Niemals noch hat mir ein Gedicht, etwas Musik, ein schönes Bild soviel Kraft gegeben, wie in unseren Tagen, niemals noch habe ich klarer gesehen, tiefer gefühlt, entpersönlichter gedacht. Oft meine ich auch im Schmerz in der Trauer liegt Gnade, vielleicht mehr als in der Freude und es kommt nur darauf an, ob unsere Sinne schärfer, feiner, oder stumpfer werden, ein bisschen haben wir unsere Glückseligkeit selbst in der Hand. Gibt es etwas Wahreres als den Satz, den Selma Lagerlöf im Gösta Berling der schönen Marianne Sinclair in den Mund legt: Alle Freude ist nur Trauer, die sich verstellt....

Echte Trauer, wie überhaupt jedes echte Gefühl, ist nicht weichlich oder tränenselig, aber sie wirkt in Tiefen, zu denen Freude nicht vordringt. In diesem Zusammenhang: Wie gefallen Ihnen die Gedichte der Chodziesner? Ich habe schon lange nichts mehr gelesen, was mich mehr beeindruckt hätte. „Die Blinde“ „Die Morgenvögel“ „Aquarium“ ach, wozu aufzählen! Sogar die, denen man eine gewisse Konstruktion anmerkt sind wunderschön; und „stark“ sind alle, obwohl „traurig“.“

4. September 1939:

„Lieber Herr Doktor Picard,
vielleicht erscheint's Ihnen belanglos und unverständlich, aber ich habe das Bedürfnis Ihnen zu schreiben, dass ich Ihnen alles Gute wünsche. Dieser Tage habe ich öfter ans Sie gedacht; alle Menschen, die mir nahe stehen sind mir jetzt unerreichbar; Sie müssen sich also gefallen lassen, dass ich Ihnen diese Zeilen sende. Es ist schwer mit dem übervollen Herzen allein fertig zu werden und, wenn man einen Menschen weiss, dem man seine Wünsche sagen kann, soll man das nicht tun?

Verstehen Sie bitte
richtig
Ihre
Marianne Rein“

10. September 1939:

„Sehen Sie, Herr Doktor, ich habe kein Talent zur Konvention, so sehr ich auch die Form achte, die noch einen Inhalt birgt. Und gerade in diesen Tagen, gewissermassen „in Todesnähe“, möchte ich zu allen Menschen von denen ich wünschte, dass sie mir nahestünden, ganz einfach und gut sein können. In diesem Zusammenhang zwei „Bitten“. Ich möchte gern, dass Sie mich bei meinem Vornamen nennen; ich bin so sehr „Marianne“ und so wenig „Fräulein Rein“, dass ich bei dieser Anrede immer ein bissel erschrecke und mich „erkältet“ fühle; ich würde Sie um das gleiche bitten, auch, wenn dieses „Gespräch“ kein briefliches, sondern ein mündliches wäre. Und meine andere Bitte: wenn Sie ein Bild von sich hätten, das Sie entbehren können, schenken Sie mir es doch! Sie haben ja selbst schon gesagt, wie sehr meine Anregung auf den „sinnenmässigen Eindruck“ zurückgeht; Mala zeigte mir ja bei ihrem Hiersein Bilder von Ihnen, aber damals war ich von ihrem Charme so sehr erfüllt, dass alles andere daneben verblasste. Und, wenn ich zu einem „Gesicht“ sprechen kann, finde ich viel eher die richtigen Worte.“

„Auch „mein Kinderparadies“ liegt in der Schweiz, in Lugano, wo wir nach unserer Ausweisung aus Italien die Jahre 1915/17 verbrachten. Zwei Jahre, während denen mein Vater krank war und ans Zimmer gefesselt blieb, bis zu seinem Tod; aber immer beschäftigt mit geistigen Dingen, zwar nicht produktiv, aber wie ich heute nachfühlend glaube, reproduktiv genug um all das in mir zu wecken, was mich beglückt und mir das Leben wert macht. Eine unendliche Fülle von Bildern sind diese Luganeser Jahre und es währte lange, bis ich mich einigermassen „heimisch und zuständig" fühlte in unserer fränkischen Landschaft. Und Würzburg ist wahrhaftig eine Stadt von fast südlicher Grazie. Dies zur „näheren Vorstellung.""

„Inzwischen habe ich noch gründlich über alles „Fachliche" nachgedacht, worüber Sie schrieben und muss Ihnen in allem Recht geben; nicht, um Ihnen „nach dem Mund zu reden", sondern, weil Sie im Recht sind und das Rechte ist „überpersönlich". Geschrieben habe ich wenig seit Mitte August; die letzten Gedichte füge ich bei; ich glaube, dass ich augenblicklich in einen neuen „Seelenzustand" eintrete („Zerfaserung", dein Name ist Weib!) und während dieses „Noviziato" bin ich immer „unproduktiv"; nicht aktives, sondern passives Menschheitspartikelchen. Was Sie mir über die letzten Verse sagten, deckt sich ganz mit meinem Gefühl; es tut gut, wenn eine „Prominenz" das eigene Urteil bestätigt, bitte, lieber Herr Doktor Picard, für Ihre Anteilnahme muss ich danken; Empfindlichkeit – die Stiefschwester der Empfindsamkeit – gehört nicht zu meinen Fehlern, ich bin wirklich nicht eitel, habe auch gar keine Ursache dazu. Das alles sind doch nur Anfänge, Winzigkeiten."

5. Oktober 1939:

„Mörike würde sagen: „sie ist ihrer Mutter einzig Kind!" Ich weiss noch, wie mir in unserer jüdischen Schule (meine Schulzeit, d.h. die ersten sieben Jahre ist ein Kapitel für sich, eins der liebsten in meinem „Lebensbuch") unsre gescheite, liebe Lehrerin, mit schelmischen Mundwinkeln, dieses Mörikegedicht vorlas, „als Zueignung gewissermassen", „hinter die Ohren zu schreiben!" Gefruchtet hat's wenig.

Ihre beiden Gedichte sind sehr schön, Jakob, vielen Dank! Darf ich dazu etwas sagen: Es wundert mich, dass Sie in Ihren Briefen reinlich scheiden zwischen „Persönlichem" und „Fachlichem"! Fliesst nicht alles? Geht nicht eins ins andere über, unmerklich und sind wir nicht gerade dann am persönlichsten, wenn wir andern vielleicht fachlich scheinen, in der Verhüllung, die „enthüllt." Sehen Sie, ich „schreibe" ja erst seit drei Jahren, ungefähr und habe früher niemals gedacht je „produktiv" sein zu können."

„Jakob, ich ändere nie etwas an einem Gedicht, einer Geschichte. Das heisst, wenn man's von mir verlangt, tu ich's natürlich, „auftragshalber", aber nicht als „Sendung". Ich will auch sagen, warum: jedes Gedicht, jede Geschichte ist doch eine Spiegelung meines augenblicklichen inneren Entwicklungszustandes, meiner augenblicklichen Reife; selbstverständlich tu' ich mein Möglichstes, es zu „vollenden", bevor ich es beschliesse. Mehr kann ich nicht, wenn ich Marianne und ehrlich sein will. Kritik ist für mich wertvoll, nötig, fördernd, anregend; sie wird aber erst ich, wenn sie von mir „erlebt" ist, durch mich hindurchgegangen, ein Stück von mir geworden. Und dann, in einem neuen Entwicklungszustand „kehrt mir wohl verwandelt wieder", was noch unzulänglich ist, „ein neues Kind" gewissermassen. Dazu kommt, dass ich meine Gedichte alle nicht besonders mag, sie sind, beendet, wohl ein Stück von mir, so ungefähr wie ausgekämmte Haare. Kein schöner Vergleich, aber treffend, denn es ist ein Gefühl, vermischt aus Trauer über die eigne Unzulänglichkeit, verdrossener Erschöpfung und leiser Selbstverachtung."

26. Oktober 1939:

„Nun auf „unser Thema" zurückzukommen. Vielleicht liegt es an den Umständen, unter denen er mir nahegebracht wurde – Kinder umschliessen starke Eindrücke wie Austern die Perle – ich kann Heine nicht lesen ohne zu fühlen, lieber Mensch, guter Mensch, schamvoller Mensch der sich „bemüht" hat. Und sagt's nicht unser irdischer „deutscher" lieber Gott: Wer immer strebend sich bemüht ....! Und wie schön, ja kindlich gut, Heine die echte, die unvergängliche Grösse ehrt, wenn er von seinem Eindruck schreibt, der ihm von Goethe wurde. Ich habe Heine lieb, Jakob, den Menschen und den Dichter und zwar in dieser Reihenfolge."

„Lieber Jakob, alles, was Sie über Gertrud Chodziesner schrieben, hat mich so gefreut und berührt, als gelte es einer Schwester, die ich liebe; obwohl's eine Anmassung von mir ist, so zu schreiben. Das, was Sie über ihre Persönlichkeit schreiben, deckt sich ganz mit der Vorstellung, die ich mir machte; denn nur ein ganz bescheidener, ja, demütiger und guter Mensch kann sich so verschwenderisch verschenken, sein Herz darbieten. In diesem Fall sind es keine „Phrasen". Ich wollte ihr, nachdem ich ihre Gedichte gelesen hatte, in den vorjährigen Novembertagen, die wirklich einen „Prüfstein" darstellten, an dem sich wenige Bücher bewährt hätten, schreiben und danken, weiter nichts, ich wollte keine Antwort. Aber es kam mir vor, als könnte ich fremde Scham verletzen, ich unterliess es. Dass Gertrud Chodziesner lebt und dichtet, dass sie ist, ist für mich eine Lebensbereicherung geworden; ich bin froh, dass sie ist. Die „Unentbehrlichkeitserklärung", ihr selbst zu schreiben, kam mir aber anmassend und unzart vor, so wenig tritt sie als Person in ihrem Werk hervor, trotz aller Ichform."

16. Nov. 1939:

„(....finden Sie, übrigens, die deutsche Sprache auch so schön und „anschaulich“. Richtig gesprochen und geschrieben „dichtet“ sie von selber!) aber wie oft ist die unpersönliche Öde stärker als jede persönliche Empfindung. Erfahrung und Verstand geben wohl: Erkenntnis, aber dies ist nur das Ergebnis einer besonders glücklichen „Paarung“, meistens morden sie die Stimmung, das weiche, träumerisch Gelöste, mit ihrem Wissen um die Endlichkeit!“

„Und nun, schön nach der Reihe. Vielen Dank für alles, was Sie mir, wegen der Gedichte, schrieben; daran werde ich noch länger zehren müssen, bis ich soweit bin, mich harmlos über das Lob zu freuen. Eigentümlicherweise beschwert mich Lob; es ist so verpflichtend und erst, wenn man's durch gesteigerte Leistung „abgegolten“ hat, ist's wirklich verdient.“

„Und dann, das Erleben der „unpersönlichen Traurigkeit“, einmal als die Mutter mir sagte, dass der Vater tot sei, an einem müdigkeitsschweren Vorfrühlingstag am Kai des Luganer Sees, wo wir damals wohnten. Ich seh' alles noch vor mir, hinten die Schneeberge, den spiegelnden See, die hässlichen, staubigen, armseligen Palmen und tropischen Gewächse, und fühle den Stich im Herzen und ein merkwürdiges Schamgefühl.“

„Und jetzt sehe ich, Ihre Frage nach der „Aktualität“ ist noch unbeantwortet. Jakob, halten Sie mich nicht für ein „gewissenloses Geschöpf“, aber alles, was ich an Zeitgeschichte zu schmecken bekomme, schluck' ich schweigend. Ein Blick aus dem Fenster; neulich abends zartrosiger Himmel, Hügel-Sylhouetten, Wälder zwischen Gold und Violett und im Südwesten ein ganz ganz schmaler, zartgeschnittener Sichelmond aus blassestem Weissgold. Da möcht` ich mich hinstellen und die Leute schütteln und aufwecken: Schaut, den Trost an, den euer lieber Gott für euch bereithat.“

29. Nov. 1939:

„Denn in den letzten Monaten hab' ich gar nicht das Gefühl des Vorwärtskommens und das macht einen ganz traurig; – die übliche Entschuldigung und Anklage der „Zeiten“ ist in diesem Falle nur faule Ausrede, denn die innerste Welt ist stabiler als das Drumherum – aber vielleicht soll man sich auch nicht gerade in den Monaten des „natürlichen Winterschlafes“ drauf kaprizieren etwas Besonderes zu leisten. Ach, Jakob und wie unzulänglich kommt mir mein ganzes lyrisches Gepiepse vor, auch das heut' beigefügte, denn meine ganze Sehnsucht gilt der Epik; das kommt mir immer mehr zum Bewusstsein.“

1. Dezember 1939:

„Lieber Jakob,
bitte lachen Sie mich nicht aus, wegen dieser „Nachschrift". Gerade ist beigelegtes Gedicht geschrieben worden, nachdem ich ganz schrecklich aufgeregt war vor „innerem dunklem Drange". Ein abscheulicher Zustand; jetzt hat sich die Spannung ein bissel gelöst.

Darf ich's Ihnen gleich vorlegen. Ich möchte gern, da es doch zeitlich zu den schon übersandten gehört, denen ich's also – einem inneren Gefühl der Ordnung folgend – gerne nachfügen möchte. Sie sehen ja auch an meinem Geschreibsel, dass ich innen noch ganz „zittrig" bin. Vielleicht wird mir's „ruhevoller" zumute, wenn ich mich der abschliessenden „Zensur" ausliefere, denn sonst sind solche „P.S." nicht meine Sache."

26. Dezember 1939:

„Es ist mir unangenehm, wenn Sie sich „entschuldigen", gewissermassen, wenn Sie die grosse Freundlichkeit haben, Ihre Anteilnahme an einem Gedicht (denn so verstehe ich dies) in einem Tadel auszusprechen. Das bedrückt mich. Ich bin doch so froh um Ihr Dasein in meinem Leben und verquicke es doch nicht mit der Form, in der sich's auch äussern muss, wenn meine Unzulänglichkeit sie herausfordert. Und meine „Unzulänglichkeit" ist mir lieb, als Beweis des „noch nicht fertig seins." Denn nichts schlimmer als dieses „Fertigsein", dieser „Stillstand", dann lieber Tod. Und genau so ists mit unseren Briefen, Jakob. Um Gottes Willen kein „erschöpfendes" Beantworten, keine „Erschöpfung", kein „Überdruss"."

„Mutter und ich, haben Nr. 25700 so und soviel und, wie ich kürzlich hörte, sind die Nummern soweit aufgerufen, dass wir in einem guten Jahr vielleicht auch fortkommen, wenn es dann noch möglich sein wird und wenn es sich (Devisen für Überfahrt und so) ermöglichen lässt, obwohl wir auf verwandtschaftliche Hilfe rechnen können. Man hat das Plänemachen ganz verlernt; Lebensgestaltung und Zukunft werden zu immer verschwommeneren Begriffen!"

26. Januar 1940:

„...neuerdings geht mir ein „episches Mühlrad im Kopf herum", aber da geb' ich nicht nach, bevor ich nicht ganz zum Werkzeug geworden bin; damit allem diletantischen Liebäugeln mit dem, was man sein möchte und was man noch nicht hinter sich hat, endgültig der Hals gebrochen sei."

3. Februar 1940:

„Ich habe im Laufe der Woche eine Erzählung geschrieben. Im Rohbau hab' ich sie unter Dach und Fach, Gott sei Dank; nun ist mein Kopf wieder leicht und imstande, auch anderes aufzunehmen. Jetzt kommt die Kleinarbeit; aber das tu ich gerne; „die Lust des Fabulierens", ja, aber erst wenn's vorbei ist; wirklich, ich war ganz „krank". Das heisst jetzt beginnt wieder die „Unzufriedenheit", ach, Jakob, was sind wir Menschen doch seltsame Wesen!"

„Lieber Jakob, ich bin froh, dass es Sie gibt! Alles „Herumdenken" geb' ich auf; es ist sinnlos; ich glaube, ich habe Sie arg gern, vielleicht schon lieb und will mich nur noch darüber freuen, dass ich wieder fühlen darf und vertiefter erleben."

25. Februar 1940:

„Dass ich jetzt oft so schroff bin kommt – ich weiss es genau – weil mich kein Mensch, kein Mann lieb hat; es ist doch merkwürdig wie sehr man diese „Selbstbestätigung" vermisst, wenn man gewöhnt ist, ehrlich zu sich selber zu sein. Und mein ganzes Dasein ist eigentlich nur ein Warten und Hoffen auf die Liebe; höchst zeitgemässe Wünsche und Betrachtungen!"

„Heute ist der erste richtige Frühlingstag; blassblauer Himmel, gelockertes Gewölke, Sonne und Schwere im Körper. Oh, Jakob, ich wollte, ich wäre frei in einem anderen Land!"

16. März 1940:

„Ich muss, übrigens, nach New York schreiben und mich erkundigen, ob unser Bürge – ein entfernter Verwandter, der seinerzeit die Bürgschaft nicht besonders gerne gab – die Bürgschaft überhaupt erneuern wird, da ich dieser Tage, erfuhr, dass alle Bürgschaften, die vor dem März 1939 ausgestellt wurden, ungültig sind. Und auch, wenn sich hier keine Schwierigkeiten ergeben, wird es mit unserer Auswanderung noch ein gutes Jahr dauern, wenn nicht länger. Manchmal hab' ich das Hiersein so satt, dass ich, Gottweisswas, tun möchte, um 'rauszukommen. Jakob, ich wünsche mir, wie im Märchen: nehmen Sie mich im Handkoffer mit; zwar hab' ich etwas zugenommen, aber noch halt' ich das Schneidergewicht und, wenn ich mich „embryonal" zusammenkrümme, pass' ich wohl 'rein. Sie kommen zweimal am Tage und stecken mir ein Stückchen Schokolade in den Mund, damit ich nicht verhunger' und, wenn der Dampfer anlegt, schlüpf' ich durch die Sperre und bin „im Land der Freiheit". Das wär` schön!"

28. März 1940:

„Ach, Jakob, das Leben ist doch lebenswert und Sie sind ein rechter dummer Kerl, wie die meisten Männer! Jawohl mein verehrungswürdiger Messer Jakobus; in diesem „Bekenntnis" ist zwar nicht jedes Wort „erwogen", aber „gefühlt" und hier schwarz auf weiss bekräftigt. Und ich freu' mich heut schon auf unser erstes Zusammentreffen drüben und ich verrate kein Geheimnis, wenn ich Ihnen sage, dass ich schon darüber nachgedacht habe, was ich wohl anziehen würde."

29. März 1940:

„Und jetzt, mein hoher Jakob, ist alle gestrige Wunschlosigkeit aus meinem Herzen gewichen. Was soll Stagnation; ich will lieben, leiden, glücklich machen, glücklich sein, wie's mir wechselweise zugedacht ist. Seid umschlungen Millionen!"

9. April 1940:

„Sei froh, froh, froh, dass Du bald fahren kannst. Ich glaube, wir kommen auch in absehbarer Zeit 'raus; ach, Jakob, trotz allem, ich kann's kaum erwarten, ohne alle Illusionen!"

14. April 1940:

„O, mein Jakob, ich möchte am liebsten Deinen Brief unbeantwortet lassen, damit er mir unwiderrufenes Eigentum bleibe. Aber ich muss Dir sagen, wie beglückt ich mich heute fühle durch ihn; eine Beglückung, die ein schweres Gefühl der Verantwortung in mir weckt. Und jetzt, wo ich nicht mehr ganz „allein" bin, in dem was ich Dir nun gesagt habe, verstehe ich noch besser Dein Zögern, Zögernmüssen! Und wie schön ist es, dass doch nichts trennen kann, alles nur tiefer verbinden muss.

Jakob, jetzt sehe ich in allem – über dem allgemeinen, ewigen – auch einen Sinn für mein Dasein."

19. April 1940:

„Ein vorweggenommenes „P. S.": Wer weiss, wie lang' ich Dich noch „erreichen" kann; wenn es so weitergeht und Du bist „drüben", kann ich vielleicht eines Tages nur noch an Dich denken, statt Dir zu schreiben. Darum jetzt noch „Briefe, die ihn erreichen". Denn, ich zweifle fast daran je „hinüberzukommen", wie die Lage sich gestaltet."

20. April 1940:

„Ich möchte dabei sein, wenn Du den Seder gibst; möchte mit am Tisch sitzen und die Gebete sagen und Dich ansehen, mein Jakob. Soviel Unaussprechliches, Unsagbares! Das keuscheste Wort ist zuviel. Als Kind war ich einige Male bei Freunden zum Sederabend. Aber hier bei uns ist Alltag, doch ich bin in Gedanken bei Dir, in Dir! Ach, Jakob, heute – dies schreibend – liebe ich Dich unsagbar, es tut mir weh im Herzen; lass' es mich sagen; ich schäme mich nicht! Ja, auch, dass wir einem Volk angehören, ist Vertiefung, Läuterung; bewusst tut es mir gut daran zu denken. Du siehst: „Bindung", ohne unser Zutun!"

„Versuche nur einmal diesen Satz durchzudenken, auszudenken:
Wie kurz ist das Leben! Mir wird es kalt dabei!"

14. Mai 1940:

„Sei nicht bang, nicht schwach; es gibt keinen Tod, kein Nichtsein; alles ist in uns, wie wir in allem sind."

21. Mai 1940:

„Dass mir Gertrud Chodziesner geantwortet hat, hab' ich neulich angefügt. Jakob, wie erstaunte mich die Handschrift; (ich meine ungraphologisch, nur als Schriftbild!) zuerst war ich fast befremdet von diesen entpersönlicht feinen Linien, aber dann kamen sie mir vor wie feinste Drähte, die unfühlbare Schwingungen aufnehmen und so geneigt, die Schriftlage lauschend, wie ein Ohr, das „Gras wachsen hört". Sie schickte mir fünf Gedichte: Mose im Kästchen./ Esther/ Tamar und Juda/ Das Einhorn/ Türme."

„Hier ist der Mai so grün, so blühend und schön, dass alles Schreckliche unwahr, unglaublich scheint. Und ist es nicht im tiefsten Sinn – unwahr, weil vergänglich? Das Leben ist ewig und wir dürfen nicht hadern, dass es unser Leben nicht ist. Dies scheint mir der Zwiespalt! Aber das echte Gefühl nähert uns dem Ewigen."

23. Mai 1940:

„Mein lieber Jakob,
heut' ist Fronleichnam und morgens schönes Glockengeläute. Das war sonst ein Tag, an dem die Stadt hier besonders schön und von der Stimmung erfüllt war, die man sonst nur „verschwebend" fühlt. Eine katholische Stadt und eine alte dazu; das ist etwas, das auf alle Sinne „malerisch" wirkt."

26. Mai 1940:

„Weißt Du was Du über Gertrud Chodziesner geschrieben hast, stimmte mich traurig."

„Warum ist diese Frau allein geblieben! Und wie hat dann meinesgleichen noch Recht zum „Anspruch"! Du musst mich richtig verstehen: das sind keine „Fragen", nur „Auskünfte", keine Neugier um ihren Lebensablauf; nur Gedanken, die sich aufdrängen, weil ich sie, glaube ich, lieb habe, bei aller, mich von ihr distanzierenden Verehrung. Du sollst auch sie und mich nicht „in einem Satz" nennen, mein liebes, tröstendes Joggele! Das kommt mir nicht zu und ich bin froh darum; denn was für ein jämmerliches Dasein wäre es – auch künstlerisch – wenn es keine Vorbilder gäbe. Und dazu solche, bei denen man fühlt, dass die Grundlage der „Verdichtung im Künstlerischen", die Verdichtung des Menschentums sein muss."

1. Juni 1940:

„Ich sehe täglich viele, ausserordentlich gut gewachsene Mädchen – Würzburg ist zu Recht „berühmt" als Stadt schöner Frauen – "

19. Juni 1940:

„Die Anführungszeichen, die so sehr spitzes Mündchen markieren, lasse ich gern weg, ich hielt sie für nötig aus mir unbewusstem, grammatikalischem Atavismus. Und darum auch die Satzzeichen in den Gedichten. Du, Jakob, ich bin auch da so froh Dich zu haben. Schau, natürlich ahne ich selbst die Mängel aber ich bin nicht fähig sie mir selbst gleich so klar, so von mir abgelöst, entgegenzuhalten. Deine Einwände, die ich bis jetzt immer sofort angenommen habe, (dass sie mich überzeugen wäre viel zu umständlich und weitschweifig ausgedrückt) sind die gleichen, die ich bewusst empfände, wenn das und jenes Gedicht nicht von mir wäre. Weisst Du, dass unter den Gedichten so viel halbwertiges ist, hat seinen Grund wirklich nicht in Eitelkeit, sondern in einer Unruhe, die zu solchen Zeiten mich umtreibt und mich zwingt etwas zu formen. Manchmal zeichne ich da auch was, ich muss was tun, was aus mir kommt."

25. *Juni 1940:*

„Du bist wohl glücklich zu nennen, da Du auf einer so harmonischen Entwicklungsgrundlage aufwachsen konntest. Ich glaube nicht, dass meine Kindheit solch beruhigendes Gleichmass als Basis hatte und darum vielleicht bin ich mir über mein Wesen so wenig klar, bin so sehr Suchende und erkenne als beständig und stet in mir nur den Drang und den Willen zur grossen höheren Wahrheit und zur Einfügung in den Sinn, der daraus hervorgeht."

29. *Juni 1940:*

„Und nun geht's wieder nach Würzburg. Es ist kühl, windig und grau draussen und richtig sommerlich wird's heut' erst um 12 h Uhr werden, wenn die Glocken anfangen mit dem vollen Geläute. Das ist zu schön und gerade um die Mittagszeit machen sie das ganze durcheinandere Hin- und Her von Menschen, Rädern, Autos zunichte, löschen es mit dem grossen, edeln Schwingen der Töne aus."

30. *Juni 1940:*

„Und, vergiss nicht, dass es die Zeiten sind, die solche Worte und Gefühle „erpressen"! Wer weiss, wie lange man sich noch sprechen kann, bedenke das kurze Leben, o Jakob!"

„Wie viele von uns leben doch in Erwartung einer Angst und vergessen, dass vor der Tatsache des wirklichen Sichfürchtenmüssens alle Angst illusorisch würde."

4. *Juli 1940:*

„So vieles, was traurig macht. Gestern der Musikabend, (Zeitbegriffe sind flöten gegangen, „Musikabend" von sieben bis neun!) dieser baltische Baron, der mit seiner arischen Frau zum Judentum übergetreten ist, ein Siebziger, ein feiner, magerer, grosser, stiller Mann, lebt in den dürftigsten Verhältnissen; es hat etwas Herzzerreissendes, das zu bedenken; da wurden Kirschen herumgereicht, wer weiss, ob der Mann sich sonst Kirschen kaufen kann! Nicht die Möglichkeit Enthaltung bedrückt mich; Enthaltsamkeit als Symptom!

Weinen könnte ich in solchen Augenblicken, keine Schwäche, Zornmütigkeit gegen das Geschick; ich möchte dem Mann die Hand geben, ihm zeigen, dass ich auf seiner Seite bin und all das Klägliche, Unzuträgliche ungerecht finde; er würde das alles und mich vielleicht gar nicht verstehen."

8. Juli 1940:

„Weil Du danach fragst. Wir hier dürfen nur in einem bestimmten Lebensmittelgeschäft kaufen und bei einem Metzger; da ists natürlich Glückssache, wem man zugeteilt wird; unsere beiden Versorger sind durchaus nicht ideal. Aber das sind – für die Mutter und mich, die wir nicht anspruchsvoll sind – keine grossen Wichtigkeiten; das andere, worüber ich Dir andeutete, kann man nur sagen, nicht schreiben; eine traurige Sache, die meinen Vetter betrifft. Hier ist's überhaupt besonders streng! Man weiss es schon gar nicht mehr anders."

„(Übrigens, wie lange dürft Ihr dort abends ausbleiben? Wir, bis neun Uhr abends und seit 14 Tagen dürfen wir nicht mehr in unsere Anlagen.)"

„Jakob, nichts Schöneres und Befriedigenderes, als ein Literaturgespräch! Ich empfinde es so persönlich – wenn auch weniger ichbezüglich – wie ein Liebesgespräch; stundenlang möchte ich mich über diese Dinge unterhalten.

‚Wir haben schon zweimal Maler in unserer Familie gehabt. Von dem einen, Nachbiedermeier, haben wir die Bilder seiner Eltern und Geschwister, lange, schmale, sentimental hübsche Gesichter und das Bild meiner Urgrossmutter, mütterlicherseits; ein schönes, ovales, grosszügiges, sanftes Gesicht. Sie lebt als die „gute Grossmutter" fort; die andere, „die böse" hat den Kindern bei ihren Besuchen immer gelbe Rübchen zu essen gegeben, die sie nicht mochten. So erreicht man „Unsterblichkeit und Beinamen". Der andere Maler, mein Onkel Joseph Oppenheimer, lebt seit 33 in London; seine Nichte Anni Pottner ist doch verheiratet mit Malas Bruder. Ich weiss noch, wie erstaunt wir waren, als sie J.O.'s Signatur entdeckend – bei ihrem Besuch – uns erklärte, dass wir bald „verwandt" werden würden. Die Mutter – meine – hat den unbestechlichen Malerblick und bei mir hat's zu ein bissel Dilettanterei gereicht – eine Zeit lang ging ich hier auch in Zeichenkurse – ; ich habe aber an allen Künsten eine mehr unbefangene Freude."

„Joggele, ich weiss gar nicht, ob unsere Bürgschaft erneuert wird, d.h., ich rechne bestimmt damit, habe aber noch keine Antwort auf meine Anfrage. Wenn unser Bürge es nicht täte, so weiss ich doch, dass mein Onkel drüben, der Bruder meines Vaters, sie geben würde, wahrscheinlich auch die Passage. Aber unsere Stuttgarter Quote 25700 so und soviel ist noch nicht dran; ich habe auch noch keinen Bescheid von dort, ob die Tatsache, dass ich in Italien geboren bin, mir eine niedrigere Nummer gewährleistet. O, Jakob, zusammenfahren zu können, wie schön das wäre! Aber ich sehe nicht die geringste Aussicht. Und ich möchte wirklich bald fortkommen können, solange noch eine Möglichkeit besteht und unsere Angelegenheiten nicht von einer anderen Stelle aus geordnet werden. Man lebt nur einmal; ja Joggele, wie schön, wenn „es" Dich zwingen würde mich so gern zu haben, dass Du mich mitnehmen könntest. Du siehst, das Wunschrepertoire, vom Hebelschen Würstchen an der Nase, bis zum Auswandererfreund als erlösender Prinz ist vielgestaltig; die Frage nur, ob das Resultat nicht auch ein Würstchen an Nase wäre, nämlich, etwas, das an einem hängt, indem es einem anhangt. O, Joggele!"

„Jedenfalls ein Grund mehr, Dir umgehend zu antworten; denn wie es später mit unserem Briefwechsel werden wird, daran mag ich gar nicht denken. Ich weiss wirklich nicht, in welcher Seelenwanderungsform ich wieder auf die Welt kommen möchte!"

15. Juli 1940;

„Ganz ernsthaft, lieber Liebster, ich glaube nicht an ein Wiedersehen drüben mit Dir. Ich bin fest überzeugt, dass in absehbarer Zeit die Judenfrage in Europa geregelt wird und, das wird dann ganz rasch gehen. Und, ebenso fest überzeugt bin ich, dass wir – Mutter und ich – dann noch nicht fort sind. Darüber machte ich mir auch weiter keine Gedanken; ich weiss, dass ich überall leben kann und ich selbst bleiben, also relativ glücklich zuzeiten."

„Mit Absicht vermeide ich alle grossen Worte; Du weißt, dass ein Recht auf Glück nicht besteht, gar in Zeiten, wo unermessliches Unglück unabsehbar in seiner Wirkung, so viele unschuldige Menschen trifft."

„Es sind ernste Dinge; man hat nur ein Leben. Wärst Du mir ein Freund – nicht mehr – so würde ich Dich, halb scherzhaft, fragen, ob Du mich nicht zum Scheine heiraten wolltest, damit ich mit Dir herauskommen könnte. Betonung auf: herauskommen."

„Gelt, ich darf Dir, bevor Du fährst, noch die Adressen der Verwandten und Freunde geben, die mir drüben nahestehen, für den Fall, dass Du einmal den einen oder anderen treffen könntest, wenn es sich als nötig erweisen sollte."

16. Juli 1940:

„Ich fahre mit Dir, wer kann mir das verbieten! Wenn Du mich nur einigermassen brieflich auf dem Laufenden hältst, über Dein neues, neuartiges Leben kann ich so gut mit Dir, bei Dir sein. Wozu wäre unsere Vorstellung-Einfühlungsfähigkeit nütze, wenn man sie nicht auch in den eigenen Dienst stellen könnte."

23. Juli 1940:

„In den letzten zwei Tagen habe ich in nächster Nähe unsäglich Schweres, wirklich Tragisches, miterlebt; Jakob, wie gut ist es doch leben, lieben zu dürfen. Gleichgültig, ob die äusseren Umstände erfreulicher oder weniger angenehm sind, noch lebst Du. Dein eigenes Leben, in Deiner Heimat, auch in Deiner inneren Heimat, noch einmal, sei nicht traurig, es geht uns noch gut. Ach, wie glücklich bin ich, jederzeit an Dich denken zu können und dadurch Trost und Sinn zu fühlen."
„Weißt Du, wir leben ja so sehr für uns, gar seitdem meine Freunde alle fort sind und so viele hiesige Familien sind ausgewandert und viele alte Würzburger gestorben, so ist es nicht verwunderlich, dass man mich nicht kennt. Und auch meine Mutter ist heute noch in der Erinnerung vieler Leute lebendiger als „Hedwig Schwabacher, wissen Sie, die Tochter von Emil Schwabacher aus der Sterngasse", denn als „Frau Rein", obwohl sie nicht etwa einen wildfremden Mann, sondern ihren eigenen blutsverwandten Vetter geheiratet hat. Meine Grossmütter sind Schwestern gewesen; das ist also gleich ein Stückchen Familiengeschichte."

24. Juli 1940:

„Du tanzest Du gern? Ich sehr sehr gern, wenn mich einer gut führt und, wenn ich ihn mag. (Übrigens seit 33 nicht mehr getanzt) Das wäre auch schön, irgendeinen getragenen Tanz mit Dir zusammen, aber genug!"

30. Juli 1940:

„Wie glücklich sind wir, gemessen am Schicksal der Flüchtlinge! Ich glaube: Sicherheit des bisherigen Lebens, Behaglichkeit, Wohlstand, die Erinnerung an all dieses wird im „Schreckmoment" nicht die geringste Tröstungskraft besitzen, eher etwas Nervenerschlaffendes."

„Und dabei ist es so nötig, dass es in mir schwinge, denn, da Dein Gefühl erst langsam das Gehen lernt, bedarf es so sehr der Unterstützung durch die bereite Wärme, mein Joggele; sonst musst Du hilflos in Deinem Laufställchen sitzen bleiben."

„Geliebtes Joggele, hab' mich lieb, das Leben ist kurz und später ists zu spät!"

„Schrecklich muss das Leben in Polen für einen kultivierten Menschen sein. Max aus Warschau, von dem ich Dir schon erzählte, schrieb mir wieder; da wird auf einer Postkarte in Stichworten wirklich Fülle des Lebens lebendig. Aber nur Schattenseiten! Wir haben es noch gut, Menschenwürde betreffend."

3. August 1940:

„Ob wir für uns werden kämpfen dürfen? O, ich hoffe es, denn ich sehe immer mehr, dass ich in keiner Weise eine passive Natur bin, bei aller Bereitwilligkeit zur Unterordnung in den sinnvollen Ablauf. Ich will selbst an meinem Leben formen dürfen und innerhalb meiner Möglichkeit gestalten können, wie es nach der inneren Verantwortung recht und gut ist."

8. August 1940:

„...ich muss falsche Zähne bekommen. So unwichtig dies an und für sich ist, so entsetzlich bedrückt es mich Dir gegenüber und ich komme mir so hochstaplerisch vor, obwohl ich bis neulich selbst keine Ahnung davon haben konnte, dass ich mich auf solche Weise für die Auswanderung „stabil" machen muss. Hätte ich das vor einigen Monaten gewusst, dann hätt' ich Dir nie geschrieben, dass ich Dich lieb habe, weil ich mich – nicht in meiner menschlichen, sondern in meiner Wirkung als Frau – entsetzlich entwertet fühle, was Du wortlos verstehen wirst. Ich hätte Dir lieber gestanden, dass ich Zuchthaus hinter mir habe, oder „ledige Kinder", als das, wovon ich jetzt schreibe. Die meisten meiner Bekannten würden sagen (auch meine Mutter): „Du Gans, der Mann fährt fort, Du siehst ihn vorher nicht, vielleicht niemals, vielleicht nach Jahren; wie kannst Du so blöd sein, ihm so was zu schreiben! Schweig' davon!" "

17. August 1940:

„Jetzt sind wir beide auf einem Höhepunkt, voller Bereitschaft, das was ich fürchte geht nicht von uns selbst aus, aber ich denke an die Zeit, die alles verschüttet, zudeckt wie eine Sanddüne. Im Zustand des allmählichen Vergessens versinkt ja auch gnädig die schmerzende Erinnerung an die

Beschwingung der hohen Augenblicke und Lebensspannen; aber, welch kläglicher Trost! Ach, Du weißt ja alles! Mein Jakob, werden wir nie anders verbunden sein, als nur durch Sehnsucht?"

20. August 1940:

„Mein liebster Jakob,
mitten aus dem Aufräumen 'raus muss ich Dir doch gleich schreiben, dass wir gerade von den Verwandten aus U.S.A. die Bürgschaft neu zugeschickt bekamen. Wenn ich nur wüsst', wann meine italienische Nummer aufgerufen wird! Ganz gleich, ob wir die Bürgschaft ausnützen können oder nicht, es ist doch ein sehr gutes Gefühl sich nicht verlassen zu wissen."

23. August 1940:

„Aber ernsthaft! Dein Brief war wieder sehr gut für mich und ich merke immer bewusster, was ich an Dir werde entbehren müssen; meine Hoffnung: das Schweigen, das dann öfter zwischen uns sein wird, möge ein beseeltes sein. Ja, ich muss es mit Deinen Worten wiederholen: es ist arg, dass wir uns nicht werden sehen können. Aber, Joggele, ich möchte sagen, die Begründung dieser Verneinung liegt weniger an den Umständen, als in uns selber. „Traummenschen" sind niemals „Entschlussmenschen" und das „zu seiner Natur stehen" muss es auf sich nehmen, sich vielleicht eines Tages selbst ein „Versäumnis" vorwerfen zu müssen. Du verstehst mich richtig; das ist die Hauptsache! Unsere Übereinstimmung im Verzicht bringt uns näher, als ein Zusammentreffen, das der eine Teil dem anderen abgebeten hätte. Es gehört auch zum Begriff der inneren Freiheit und der Einsamkeit, die der eine dem anderen gewährleisten sollte."

„Schreib' mir doch, bitte, auch über den Nachmittag bei Gertrud Ch. Wenn ich ihr nur nicht immer so gezwungene, unnatürliche Briefe schriebe, dabei bin ich so froh ihr überhaupt schreiben zu dürfen und werde mit der Zeit auch wohl einen unmittelbaren Ton finden, ihr gegenüber. Weißt Du, bei ihr ist alles Gründlichkeit, Tiefe, unterbaute Basis und Gewissenhaftigkeit und ich in meiner Sprunghaftigkeit komm' mir dann vor wie ein Floh neben einem Skarabäus."

„Jakob, mein liebster Mensch, ich bin unzufrieden mit dem heutigen Brief. Ein bissel liegts daran, dass wir eigentlich keine Aussprache mehr nötig haben, nur die Möglichkeit eines Zusammenseins, das entweder Irrtum erweisen, oder zur Dauer führen würde. Ein kleines Haus, ein Garten, allerlei Getier und das natürliche Leben von Mann und Frau. Wenn der liebe Gott das Paradies rekonstruieren wollte und mich um Rat fragen würde, dann gliche es, nach Beendigung, aufs Haar einer Vorstadtsiedlung, fast ländlich schon und viele bunte Bauernblumen würden drin blühen. Adam wäre Jakob, Eva, Marianne und die Schlange setzte ich Dir mittags als in Wein verkochten Aal vor. Es ist wirklich schade!"

30. *August 1940:*

„Gerade lese ich vom Luftangriff über Berlin. Wir sind hier, Gott sei Dank, abgelegen und unwichtig wie es scheint; neulich mussten wir zum ersten Mal in den Keller, aber es blieb lediglich beim Alarm."

14. *September 1940:*

„Du sollst nur wissen, das Du mir alles, alles bedeutest, was im Begriff: Menschentum enthalten ist und darüber hinaus auf lange, vielleicht für immer, der Mann, dem ich mich ganz, ganz hätte geben mögen."

„Es tut unsäglich weh, Dich fortlassen zu müssen, ohne Dich je gesehen zu haben; ja, manchmal, scheint es mir ein unentschuldbares Versäumnis von uns Beiden."

„Für Dich war ich „Zusatznahrung", ich werde hungern."

„...es ist nur so, dass es Dir wohlgetan hat, mich zu wissen. Das ist wohl der Abgrund zwischen unseren Gefühlen und ich schau von einem hohen Berg hinab ins tiefere Tal, wo Du stehst. Wird „es" Dich nachziehen, aufschwingen!

Aber ich will Dich nicht quälen, mein Joggele. Es war ein schönes, ein gutes Jahr, ein Wachstumsjahr für mich. Ich habe Dir vieles, vieles zu danken, Du weißt es. Wir werden uns nie drüben sehen, diese Gewissheit habe ich."

„Ich kann nicht vorsichtig leben und lieben, so gut ich Dich verstehen kann, Dich, meinen Jakob, von dem ich doch soviel zu wissen glaube! Du musst nur eines wissen: der Mensch formt sein Schicksal selbst, dem Zaudernden entgleitet alles, ausser der Sehnsucht, der Zufassende aber: vielleicht entrinnt ihm sein Leben, wie Sand aus den Händen, aber: hat er nicht das Gleiten der Körner gefühlt!"

23. *September 1940:*

„Ja, ich bin auch voll Hoffnung, schon jetzt ist das, was uns vereint, jenseits aller Sinnlosigkeit und seine Wirksamkeit für jeden von uns wäre schon gesichert, wenn dieses die letzten Worte wären, die wir wechseln könnten."

1. Oktober 1940:

„Ich habe die Menschen aber auch gern, vorbehaltslos und lasse mich lieber – wider besseres Wissen – einmal täuschen, als von Skepsis von vornherein gerechtfertigt zu sein."

24. November 1940:

„Dieser Tage „Mombert" gelesen; grosses Bedürfnis einmal wieder etwas zu schreiben, aber alles stockt augenblicklich. Zuviel Unsicherheit, Bedrückung von aussen, Menschenkleinlichkeit! Und doch, oft Augenblicke bewussten Glücksempfinden, ein gewisser „Stolz der Einsamkeit". Und immer wieder Erinnerung an Dich, Bewusstsein Deines Daseins, der Übereinstimmungen im Innersten, Besten."

„Immer, immer, bist Du aber gegenwärtig, beim Lesen, Denken, Musikhören; neulich: Brandenburgisches Konzert von Bach, und der Hausherr bat mich für ihn eine musikalische Vignette auf eine Postkarte zu zeichnen; da sass ich – musikumwogt, erregt und besänftigt in einem, zeichnend und dichtend – einige Begleitzeilen zur Vignette – und Dich dabei beschwörend mit meinem ganzen Dasein! Werden wir uns je einmal sehen? Wenn ich nur einen Blick in die Zukunft tun könnte! Joggele, lieber, lieber Jakob, ich umdenke Dich mit allem Guten und Starken!
Sei innig innig umarmt
Von Deiner Marianne"

11. Dezember 1940:

„Denke Dir, meine italienische Nummer (5A) ist jetzt soweit, dass ich die Papiere in Stuttgart zur Prüfung einreichen kann. Meine Gefühle sind recht gemischt. Ich glaube nicht an einen Erfolg, Du weißt ja wie schwierig alles geworden ist, Bürgschaft, Depot, Reisegeld! Und dann: die Nummer meiner Mutter ist noch lange nicht fällig; es kommt mir unverantwortlich vor, eine eventuelle Möglichkeit für mich allein auszunutzen und mein „Mammele" allein hier zu lassen, in diesen rätselhaften und verwirrten Verhältnissen. Also: mehr denn je Herkula am Scheideweg! Nun ja, vorläufig ists ja noch Zukunftsmusik, aber ich baue – gegen alle Vernunft, – ein heimliches Luftschloss. Du und ich und ein Wiedersehen und Kennenlernen."

11. Januar 1941:

„Halt, ein „Gedicht" habe ich heute schon gemacht. Ein spanisches sogar! Über die 12 Monate für meine Schüler: den 9 jährigen „Miguel", die 10jährige „Renate" (wie gern sage ich diesen Namen), die 22jährige Margot. Die Stunden gebe ich „ehrenhalber" und schreibe mir die nötige Lektüre selbst. So bin ich gezwungen, regelmässig zu arbeiten und es bekömmt sehr gut."

21. Januar 1941:

„Geliebtes, einziges Joggele,
gestern früh kam Dein erster Brief vom Nov. 28; ich bin überglücklich und kann, zum ersten mal seit Oktober in reiner Freude und innerer Ruhe an Dich denken, und voll Liebe, die nichts mehr von Unruhe und Unsicherheit weiss."

„Dass jetzt die Einwanderung bzw. die Auswanderung erleichtert wird, weißt Du wahrscheinlich schon länger als ich. Ich habe von Stuttgart noch keinen Bescheid, wegen meiner eingereichten Papiere, aber das kann noch nicht gut möglich sein. Dagegen konnte meine Mutter im Rahmen der neuen Bestimmungen bereits ihre Papiere hinschicken, so Gott will, fahren wir zusammen, obwohl ich nicht weiss, ob Bürgschaft und diese wichtigen Dinge ausreichend und in Ordnung sind. Amerika, das bist für mich, Du Jakob!"

„Weisst Du – der Unterschied zwischen der Mutter und mir: Sie versteht es nicht, dass ich Dir schreibe, ohne etwas Greifbares davon „zu haben": Und jede Erklärung ist sinnlos."

18. Februar 1941:

„Mein lieber Jakob,
endlich, wieder ein Brief, Dein zweiter vom 11. Januar. Ich war schon ganz verzweifelt, solange nichts mehr gehört zu haben und erkundigte mich bei Deiner Schwester Lotte, die dieser Tage die Karte wohl erhält. Mein Joggele, mit Deinem Brief hab' ich mich sehr gefreut und ich will ihn sofort beantworten. Über meiner Freude liegt aber ein Schatten, sie ist tief aber nicht hell, der Grund, ich hatte einen Brief aus Warschau und bin sehr traurig über vieles, Unsagbares. Und ich hätte so sehr das Bedürfnis Dir jetzt körperlich nahe zu sein, von Dir fest und warm gehalten zu werden, viel, viel Zärtlichkeit zu spüren und zu geben. Joggele, vergiss nicht, ihr alle drüben, schreibt so oft es geht, auch scheinbar Belangloses, Alltägliches – wir erwarten als Inhalt der Briefe keine Offenbarungen, aber die Briefe sind Wohltat und das Warten tut weh."

„Natürlich erwäge ich – wie die Verhältnisse heute liegen – jeden Auswanderungsgedanken nur unter dem Blickpunkt ob die Mutter miteingeschlossen ist. Man ist eben doch ein Fleisch und Blut!"

26. *Februar 1941:*

„Über die Auswanderung mache ich mir nicht die geringsten Gedanken; eine Durchführung nach den Konsulatsbestimmungen erscheint mir ausgeschlossen."

20. *März 1941*

„O, Joggele, schreibe, schreibe, schreibe mir doch! Renatchen? Manchmal denke ich, Du schreibst nicht, um mit Deinen Berichten nicht etwa „Bitterkeit" zu erwecken. Wie kann ich Dir nur begreiflich machen, wie sehr wir alle hier auf Briefe, einfach: Briefe und nicht etwa „Wunderbriefe" für uns warten!"

„Demnächst werde ich mit Mutter in ein Zimmer ziehen; wir bekommen neue Wohnungsgenossen. Umso stärker muss das Innen nun wirksam werden; ..."

„Es ist schwer so ohne Widerhall zu schreiben; alles wird bedeutungslos, weil das Gefühl der Aufnahme vom anderen her fehlt."

6. *April 1941:*

„Schau', an ein Hinüberkommen für mich glaube ich ja längst nicht mehr. Aber Du solltest die Frist, in der man sich vielleicht noch schreiben kann, nicht so ungenützt verstreichen lassen. Eine so gute menschliche Bindung wie es die unsere ist, sollte man nicht ohne weiteres aufgeben, meinst Du nicht auch!"

„Ja, Joggele, es ist nicht leicht, Briefe an einen Menschen zu schreiben, der einem vielleicht schon entglitten ist."

15. *April 1941:*

„Von meiner Auswanderungssache heute nur kurz. Ich schreibe in diesen Tagen – im Gegensatz zu sonst – dringlich an Hilde Felix und auch an meinen Onkel Mani (Emanuel), der eventuell (ich bin ja skeptisch) doch etwas tun könnte. Du könntest ihm, übrigens, ruhig auch mal schreiben; es würde meinen „Wert" in seinen Augen heben."

19. April 1941:

„Ich weiss nicht, ob Du schon dort warst und ob Du über unsere Auswanderungsangelegenheit im Bild bist. Das Nötigste wäre die Neuausstellung der Bürgschaften durchzusetzen, (für die Mutter (deutsche Quote) für mich (italienische)) getrennt). Depot??? Passageeinzahlung, ach, indem ich das schreibe, sehe ich nicht die mindeste Hoffnung, jemals zu Dir zu kommen. Ich bin nicht mutlos, das ist nicht meine Art, aber an eine Vereinigung könnte ich nur glauben, wenn die notwendigen sachlichen Grundlagen in Ordnung wären. Das verstehst Du doch, Joggele. Und diese Unmöglichkeiten werden unseren Traum wohl Traum bleiben lassen."

23. April 1941:

„Mein liebes Joggele, ich muss nochmals „sachlich" werden, verzeih', es ist nur eine Anregung. Wie ich gestern wieder aus einem Verwandtenbrief sah, denkt unser Bürge gar nicht daran, die Bürgschaft neu auszustellen. Und, so schwer es mir fällt; ich muss alle falsche – nein, eigentlich selbstverständliche – Scham abtun – und Dich bitten, wenn Du bei irgendeiner Gelegenheit bei irgendeinem Menschen drüben etwas für mich erreichen kannst, so versuche es."

31. Mai 1941:

„In der nächsten Zeit kommen wieder einige Menschen von hier nach drüben; ich könnte manchmal neidisch werden. Und dann male ich mir wieder aus, wie schön es wäre, wenn ich ankäme und wir sähen und träfen uns das erste Mal. Joggele, Du müsstest mir, wenn Du Dirs portomässig leisten kannst, viel öfter schreiben. Denk doch, wenn Du noch in Berlin lebtest, würdest Du mir doch auch alle Kleinigkeiten berichten, die nun mal zum Bild gehören."

„Nichts geschrieben, aber ich hoffe es kommt unerwartet eines Tages wieder. Die Tage gehen vorbei und ich möchte jeden einzelnen festhalten: es ist mein Leben, das mit ihnen vergeht… Nicht weiterdenken! Mach' ich Dich traurig? Das wollte ich nicht, aber ich bin in Gedanken in Deinen Armen und da wäre die Trauer warm und süss."

8. Juni 1941:

„… am 31. Mai schrieb ich Frau F. einen sehr bestimmten Notbrief, von dem ich mir zwar keinen Erfolg verspreche, aber der zeitlich ungefähr mit Deiner

Unternehmung meinetwegen zusammentrifft. Mein Pessimismus in dieser Sache ist kein Lebenspessimismus; die drängende Entwicklung ist kaum aufzuhalten, aber, wenn die höhere Ordnung für uns ist, werden wir uns finden müssen."

„Geschrieben habe ich gar nichts, dränge mich auch nicht, weil ich das Wachstum, das unspürbare, nicht unterbrechen will; denn ich will endlich vom Bild und von der äusseren Form loskommen; Substanz, nur noch das Innerste, der Wesenskern, hat heute Berechtigung in dieser Zeit, in der alles so unwichtig geworden scheint."

„(Sage, Joggele, weil mir das plötzlich einfällt: Könnte man drüben nicht eine Zeitung (oder so ein True story Magazine) dafür interessieren so eine Art Emigrantenpatenschaft zu übernehmen, mit Affidavit, allem Drum und Dran, so eine Art laufende – die Tränendrüsen und popularity befriedigende – Einrichtung. Gebucht unter: Reklamespesen! Nur als Gedankentip und eigentlich unpassend in diesem Brief!)"

„Ach, wenn ich Dich nur einmal sprechen könnte. Ich habe Dir soviel zu erzählen, das ich nicht schreiben kann!"

7. Juli 1941:

Liebes Joggele, könntest Du Freunde bewegen, an folgende Adresse Lebensmittelpäckchen zu schicken? ... Ich kann Näheres dazu nicht schreiben, nur soviel: unvorstellbares Elend könnte dadurch gemildert und ein Schicksal günstig beeinflusst werden. Ich gebe eine Bitte weiter, da ich selbst nur wenig tun kann, aus Gründen, die Du sicher noch kennst."

13. Juli 1941:

„Mein liebstes Joggele,
heute nur einen kurzen Gruss, wer weiss, wie lange noch möglich. Hochsommerschwüle, ich bin ganz allein, aber in diesen Tagen wieder ganz offen für alles Schöne: Nachsommer- und G. Kellerstimmung. Was machst Du? Vergiss nicht, dass Briefe binden, mehr noch als Schweigen."

24. Juli 1941:

„Seit 10 Tagen arbeite ich hier von 7h vormittags – 1/2 20h abends; viel, viel und ziemlich schwere Arbeit, wie sie ein Betrieb mit sich bringt, der reichlich zu einem Drittel überbelegt ist. Ein ausgezeichnetes Training für drüben und ich bin sehr stolz darauf, dass mich hier jedermann fragt, ob ich schon mal in einem solchen Betrieb gearbeitet habe. Putzen, schrubben, bohnern, spülen, Zimmer machen, servieren am laufenden (buchstäblich) Band.“

3. August 1941:

„(Gestern kam die endgültige Absage vom Womens Exchange; ich bin kein bischen deprimiert; mein vorbestimmtes Schicksal hängt von keinerlei Ab- und Zusagen ab. Immer mehr Ruhe gibt mir das „metaphysische Vertrauen“) Inzwischen bin ich mit meiner neuen Arbeit ganz vertraut geworden. Jeden Tag um 5 1/4 h stehe ich auf, kurz vor 7h beginnt mein Tageslauf: Kaffeeschöpfen und Servieren im grossen Speisesaal – 81 Personen, dann Spülen, Reinemachen, Mittagessenschöpfen, Geschirr- und Töpfetragen, Abräumen wieder Spülen – Mittagspause etwa 1 Stunde – dann von vorne bis ungefähr 19 1/2 h. Durchschnittlich arbeite ich 11 Stunden. Es ist zum Teil schwere und rasch zu erledigende Arbeit, aber sie macht mir Freude und ich habe mich – laut Aussage der Insassen und Mitarbeiter – sehr rasch eingewöhnt und sie haben mich gern und loben mich sehr, was doch freut und befriedigt. Zum ersten Mal in meinem Leben fühle ich mich als nützlichen Menschen; ein gutes Gefühl. Eine ausgezeichnete Übung für drüben, Joggele, wenn wir uns je sehen und lieben sollen; jetzt kaufst Du die Katz` nicht mehr im Sack`. Du bekommst eine fleissige – und wills Gott – auch tüchtige Frau. Nicht nur Maria, auch Martha.“

11. August 1941:

„Jakob, es gibt so wenig Menschen und fast gar keine Menschen, die sich bewusst bemühen gut zu sein. Ich nehme mir jeden Tag vor, gut zu sein, unbestechlich, und dabei wahr zu bleiben und nicht sentimental schwächlich. Einen grossen Gewinn hat mir die neue Tageseinteilung gebracht: die Einsicht, dass ich meiner Mutter niemals dankbar genug gewesen bin für alles Gute, was sie mir tut und die Bereitwilligkeit sie ohne töchterliche Kritik gelten zu lassen. Jetzt leben wir wieder in Harmonie und freuen uns aneinander.“

16. August 1941:

„Leider werden wir sehr bald aus unserem Zimmer heraus müssen und wir und noch viele andere wissen noch nicht wohin, auch nicht, ob die Mutter und ich zusammen und allein in einem Raum bleiben können. O, Joggele, geliebtes, sei froh, dass Du noch gelandet bist. Zwei – dreimal wöchentlich bekomme ich Briefe aus Warschau! Joggele, sei zufrieden, wie ich es bin, oder vielmehr, wie ich mir immer wieder gut zuzureden versuche. Was wissen wir davon, wie schlimm es ist, körperlich zu hungern? Es geht uns noch gut und wir haben uns doch, diesen besten Trost. Geniesse jeden schönen Augenblick und erlebe bewusst jeden trüben, die Summe beider ist unser Leben."

„Das schönste am Feierabend: Die Mutter holt mich ab, so gegen 7 ¼ h bin ich frei und dann laufen wir noch eine gute Stunde zwischen Feldern oder am Fluss, und ich sage Dir nicht nur mit den Augen mit dem ganzen Körper, mit jeder Pore sauge ich alle Abendschönheit in mich ein und Du bist immer dabei."

28. September 1941:

„Hier ist schönster, fränkischer, blaugoldener Herbst. Trakl'scher Herbst."

7. Oktober 1941 (Letzter Brief):

„Mein liebster Jakob,
Deinen guten Brief vom 15. September brachte mir wieder meine Mutter in den Betrieb und ich kam wieder erst nach einigen Stunden dazu ihn zu lesen. Ja, mein Joggele, Du hast schon Recht, wir brauchen Briefe nicht als Bestätigung der Verbundenheit, aber sie tun doch gut als Zeichen. Und, Joggele, es ist vieles so sehr schwer und kleinlich quälend jetzt; Du solltest mir wirklich öfters schreiben, wenn Du nur irgend kannst. Und, glaube doch nicht, dass mir irgendetwas unwesentlich ist, das Du schreibst, oder verstimmend im Vergleich mit dem, was mich hier umgibt. Deine Freude tut mir wohl und von Deinen Sorgen muss ich doch wissen. Ich habe heute freien Tag, ach ich geniesse jede Minute; es ist ein wunderbarer Oktobertag – Indian Summer. Sonst viel Arbeit, die mir körperlich und seelisch sehr gut bekömmt. Ich habe zugenommen und weiss, dass ich meine Pflicht tue. Ich fühle eine innere Ruhe und Ausgeglichenheit, die mir ganz fremd ist. Natürlich: die Sehnsucht schweigt nie und oft hätte ich das Bedürfnis einige Wochen in ganz anderer Umgebung nur dem leben zu können, was unser eigentlicher Beruf ist. Augenblicklich habe ich kaum Zeit zum Denken, geschweige denn, das wachsen zu lassen – bewusst – was zur Formung drängt. Siehst Du, auch mir geht es so: was soll ich viel schreiben: das Eigentliche weisst Du ohne Wiederholung. Ich glaube wir werden „ihm" treubleiben ohne grosse Worte und damit uns selbst und uns gegenseitig. Ich lege Dir heute ein Bild bei, das gut ist und mir selbst gut scheint; hoffentlich bekommst Du diesen Brief. Hast Du nicht auch wieder ein Bild für mich?

Denke an mich; ich fühle es immer; es tut so gut. Ich liebe Dich, Jakob.

Innig, innig
Deine Marianne."

Marianne Dora Rein – eine moderne Dichterin

Bernhard Stengele

Über Gedichte zu schreiben ist genauso unmöglich, wie über Musik zu schreiben. Der eine oder andere Musikwissenschaftler, Germanist oder Kritiker mag das bestreiten. Das ist verständlich – verdient er doch damit seinen Lebensunterhalt. Es gibt auch eine Menge von Kriterien, die wir zur Analyse oder zur Beschreibung von Kompositionen oder Gedichten anwenden können. Sie alle aber können nicht wirklich erklären, warum uns ein Kunstwerk erreicht. Am wenigsten gelingt das beim Gedicht. Die Versuche, das Unsagbare sagbar zu machen, sind eine vollständige Vergeblichkeit und deshalb eine besonders edle Aufgabe. Sie sind so edel, wie einen Zen-Garten anzulegen oder die Räume von Kindern sauber halten zu wollen. Bei begabten Autoren entsteht dadurch sogar ein neues Kunstwerk, das eine ungehörte oder ungelesene Welt erschaffen kann. Freilich ist dieses neue Kunstwerk nur eine Folge des Besprochenen, nicht aber das Besprochene selbst.

Dennoch müssen wir über Gedichte sprechen, wir müssen über sie schreiben, denn das ist ein so wichtiger Weg, sie in das Bewusstsein der Öffentlichkeit zu bringen, die von ihnen nichts weiß und sich allzu oft kein eigenes Urteil zutraut. Wir können so Interesse wecken und Anregungen geben, wir können Werkzeuge an die Hand geben, immer wissend, dass wir um das Eigentliche herumtanzen.

Also werde ich die so edle weil vergebliche Aufgabe unternehmen, über die Gedichte von Marianne Dora Rein zu schreiben. Und das werde ich so tun, wie ich es kann – nämlich als Künstler, dessen Leidenschaft es ist, Gedichte zu sprechen, wohlgemerkt: zu sprechen, nicht still zu lesen. Natürlich lese ich die Gedichte zuerst, doch schon beim ersten Lesen, das – wenn es die Umgebung zulässt – laut ist, treffe ich die wichtigste Entscheidung, nämlich ob ich weiter lese oder weg lege. Bildet sich ein Klang, ein Rhythmus, ein Ton, eine Resonanz, dann bleibe ich dabei. Das habe ich als Kind schon so erlebt. Ich erlebte Gedichte nie ohne Klang, ohne Rhythmus, ohne Dynamik, ich erlebte sie nicht als Gedankengebäude. In Gedichten sind die Gedanken nur ein Teil, und dieser Teil verästelt sich weit in Theorien, Bildern, Erfahrungen und Gefühlen. Die Gefühle wiederum verästeln sich in Tausenden von Nuancen, die zu beschreiben bedeuten würde, sie zu bagatellisieren. Erst, wenn das Gedicht erklingt, entsteht es in seiner Schönheit, erst dann ist es ganz da. Es gibt Gedichte, die nur im Innern erklingen, die sich der akustischen Realisierung entziehen. Rilke hat etliche solche geschrieben, auch Hölderlin. Die Versuche von berühmten Kollegen, diese Gedichte auf CD zu sprechen sind kläglich gescheitert (dennoch mögen sie viel verkauft werden).

Als ich zum ersten Mal mit Gedichten von Marianne Dora Rein in Kontakt kam, war die Situation nicht neutral, falls es denn je so etwas wie eine neutrale Situation gibt. Nein, es war Rosa Grimm, die mich auf die Autorin und ihr Werk aufmerksam machte. Besser gesagt, wollte Rosa Grimm mit aller ihr zu Gebote stehenden Kraft, die beträchtlich ist, dass ich Marianne Dora Rein kennenlernte. Lange habe ich höflich abgelehnt. Aber die hartnäckige Liebe, mit der Frau Grimm ihr Ziel verfolgte, hat mich irgendwann überzeugt – sowohl die Hartnäckigkeit, als auch die Liebe. Also begann ich, Marianne – so nennt Frau Grimm die Autorin, die ihr eine wirkliche Freundin ist – zu lesen. Erst las ich ein wenig aus der anteilnehmenden Haltung des aufgeklärten Deutschen gegenüber einer wegen ihrer Religionszugehörigkeit ermordeten jungen Deutschen heraus, dann mehr und mehr aus erwachendem Interesse. Nicht dass ich diese Gedichte und Texte sensationell gefunden hätte, ich fand sie einfach, manchmal ungeschickt oder imitierend, ich fand sie nicht immer sonderlich spezifisch, aber – sie klangen in mir. Sie klangen rau und holprig, sie klangen kindlich und bemüht, sie klangen manchmal rund und schön – sie klangen.

Was ist dieses Klingen? Es ist, so würde ich es sagen, eine überpersonale Stimme. Diese Stimme ist nicht die Stimme von Marianne Dora Rein, genauso wenig, wie wir Heine, Rilke, Hölderlin oder Bachmann hören. Es ist eine Stimme, die durch diese Texte entsteht. Es ist auch nicht die eigene Stimme. Es sind Gedicht, Dichter und Leser gleichzeitig. Es ist das Geheimnis der Resonanz. Das passiert gar nicht so oft und bei weitem nicht bei jedem gleich. Es passiert bei mir oft bei Heine, Rilke, Bachmann, leider selten bei Goethe, selten bei Hoffmannsthal, gar nicht bei Fried, gar nicht bei Jelinek, wohl aber bei den beiden Sarahs, Kirsch und Kane. Und es passiert manchmal bei Marianne Dora Rein. Nicht mit allen Gedichten – natürlich nicht. Aber es geschieht. Und nicht nur bei mir. Die Pianistin Katia Bouscarrut wurde durch Marianne Dora Rein inspiriert, ebenso der Schauspieler Kai Christian Moritz. So konnten wir Drei schon einmal diese Inspiration vor 250 Leuten mit großem Erfolg weitergeben und so fassten wir Mut zu diesem Buch und dieser CD. So fassten wir den Mut, dieser Dichterin einen ganzen Abend im großen Haus des Mainfranken Theaters zu widmen. Und wir waren uns ganz einig, diesen Abend nicht einer dichtenden, in Riga ermordeten Jüdin zu widmen, sondern einer veritablen Dichterin, die in Riga ermordet wurde, weil sie Jüdin war.

Schnell entstand aus dem Verständnis der Texte, die jung und suchend sind, die Idee, sie von jungen Künstlern interpretieren zu lassen, von jungen Frauen im Alter von Marianne Dora Rein. Der nächste Gedanke war, manche der Texte zu vertonen. Denn es gibt so eindeutig Lieder unter den Gedichten, Texte, die förmlich nach einer Vertonung rufen. Auch das ist ein weitverbreitetes Missverständnis, dass gute Gedichte sich immer zur Vertonung eignen. Viele der schönsten Gedichte von H. Heine wurden von berühmten Komponisten geradezu kastriert. Der Dichter Müller erfuhr durch Schubert umgekehrt eine wirklich fulminante Aufwertung. Es gibt Gedichte, die Lieder sind und solche finden sich bei Marianne Dora Rein.

Auch wenn wir das brutale, barbarische Ende der Autorin nicht zum Gegenstand des Abends werden lassen wollten, so wollten wir bei den Kompositionen doch den Gedanken der Fremdheit, des Ausgegrenztseins, aber auch des jüdischen Selbstverständnisses einfließen lassen. Mit Magret Wolf und Paul Amrod haben wir zwei Komponisten gefunden, die diese Erfahrungen in reichem Maße besitzen und dennoch unterschiedlicher nicht sein könnten:

Auf der einen Seite die deutsche Jüdin, die in München und Wien Musikwissenschaft, Judaistik und Philosophie studierte und jetzt in Jerusalem lebt. Zu ihren wichtigsten Werken zählen „Gilgal" für Horn und Orchester (1989), die Ballettmusik „Kain weHewel" für Schlagzeugquintett (1993) und die Oper „Kirisk – der Junge und das Meer" nach dem Roman von Tschingis Aitmatov, für die sie Libretto und Musik schrieb. Für das Then-Quartett komponierte sie „Cheleq".

Auf der anderen Seite der Amerikaner, der seine christlich-libanesischen Wurzeln bewahrt, der aus der Rockmusik zum Jazz, vom Jazz zur sogenannten E-Musik kam und als Fremder in Deutschland, als Fremder im etablierten Musikbetrieb zum meiner Meinung nach besten Komponisten für zeitgenössische deutsche Lyrik wurde.

Mit der französischen Pianistin Katia Bouscarrut – die sich neben ihrer Beschäftigung mit Beethoven und Liedbegleitung vor allem Schönberg widmet und an der Wiederbelebung und Weiterentwicklung des Melodrams arbeitet – und Milena Ivanova, einer hochbegabten und mit großem Sinn für die theatralische Form ausgestatteten Cellistin, haben wir zwei perfekte Interpretinnen für diese Musik gefunden.

Anna K. Berger, Andrea Jörg und Eva Wurlitzer, Studentinnen der Hochschule für Musik in Würzburg, sowie Anne Diemer und Christina Motsch, Schauspielerinnen des Mainfranken Theaters – sie alle haben begeistert zugesagt, bei dem Projekt mitzuarbeiten.

So kann man sehen, dass Marianne Dora Rein eine moderne Dichterin ist. Eine Dichterin, die auf der Suche nach einer zeitgemäßen Form war, mit einem starken Ausdruckswillen und zarter, ja fast scheuer Sinnlichkeit. Eine Dichterin, die uns heute anspricht und die uns durch ihre Texte Kraft gibt, sich mit ihr zu beschäftigen, und damit Kraft, uns mit uns selbst und miteinander zu beschäftigen.

Danksagungen

Die Herausgeberin dankt für finanzielle Unterstützung der Unterfränkischen Kulturstiftung des Bezirks Unterfranken, der Gesellschaft für christlich-jüdische Zusammenarbeit in Würzburg und Unterfranken e.V. sowie der Ergon-Verlag GmbH in Würzburg.

Ferner dankt sie für Unterstützung dem Leo Baeck Institute in New York, der Vorstandschaft der Gesellschaft für christlich-jüdische Zusammenarbeit, insbesondere Herrn Dekan Dr. Günter Breitenbach, Herrn Pfarrer Burkhard Hose, Frau Regina Kon, Frau Marianne Gehrig, Herrn Jesko Graf zu Dohna und Frau Alexandra Golosovskaia; ihr Dank gilt auch Herrn Prof. Dr. Dr. Karlheinz Müller, Frau Miryam Lippmann in Jerusalem sowie Herrn Dr. Hans-Jürgen Dietrich, Frau Brigitte Miebach-Schrader und Herrn Thomas Breier vom Ergon-Verlag.

* * *

Dieses Buch erscheint anlässlich des 100. Geburtstages von Marianne Rein am 2. Januar 2011. Aus dem gleichen Anlass veranstaltet das Mainfranken Theater Würzburg in Zusammenarbeit mit der Gesellschaft für christlich-jüdische Zusammenarbeit in Würzburg und Unterfranken e. V. am 27. Januar 2011, dem internationalen Holocaustgedenktag, einen Abend für Marianne Rein.

Für die Finanzierung und Erarbeitung dieser Veranstaltung sowie der diesem Buch beigefügten CD sei herzlich Dank gesagt dem Mainfranken Theater, insbesondere dessen kaufmännischem Leiter, Herrn Klaus Heuberger, dem Kulturreferat der Stadt Würzburg, der Sparkassenstiftung der Sparkasse Mainfranken, Herrn Dr. Klaus D. Mapara, Eibelstadt, Herrn Kapellmeister Ulrich Pakusch, der Hochschule für Musik Würzburg und der Regieassistentin Daniela Schwarz.

Biografien

Bernhard Stengele

Allgäuer, katholisches Internat, heute konfessionslos.

Ausbildung zum Schauspieler bei Philippe Gaulier und Monika Pagneux in Paris. Engagements in Hannover, Berlin, Konstanz, Saarbrücken; Darstellerpreis für Macbeth in Saarbrücken. Gastspiele in Moskau, St. Petersburg, Tiflis.

Regisseur seit 2000. Seit 2003 in Würzburg Schauspieldirektor. Internationale Kooperation mit C.I.T.O. Theater in Ouagadougou/Burkina Faso.

Rezitator. Mehrere CD Einspielungen. Sprachbewahrerpreis.

Magret Wolf

Magret Wolf studierte Judaistik, Musikwissenschaft und Philosophie in München und Wien. 1980-81 studierte sie Komposition mit Peter Kiesewetter. Sie erhielt zahlreiche Aufträge für Kammer- und Orchestermusik, unter anderem von der musica viva München, dem Philharmonischen Orchester Dortmund, vom Kibbutz Chamber Orchestra Israel, den Jüdischen Kulturtagen Berlin. Ihre Oper „Kirisk", nach einem Roman von Tschingis Aitmatow – ein Auftragswerk des Pfalztheaters Kaiserslautern – wurde vom RSO Slowenien für arte nova / BMG eingespielt. Das Orchesterstück „Studies in Breath and Sound" wurde vom Moskauer Sinfonie Orchester uraufgeführt und vom HR- und BR- Symphonieorchester gespielt, das auch die „Studies No.2", sowie „On Plants and Plantations" mit dem Solisten Giora Feidman uraufführte.

Paul Amrod

Im Jahr 1963 gründete er seine erste Band mit seinem Bruder Willy Amrod. In demselben Jahr schrieb er seine ersten Lieder. Auch begann er in dieser Zeit ernsthaft Klavier zu studieren. Im Jahr 1967 gründete Paul die Band „Brand XXX", mit der er seinen ersten Plattenvertrag bekam. Im Januar 1969 war er als Vorband für Janis Joplin und die Paul Butterfield Band auf Tournee. Durch seine Beziehung mit Paul Butterfield erhielt er seine tiefe Erfahrung als Blues-Pianist. Im Herbst 1969 wurde Paul in der Juilliard School of Music aufgenommen und hat seine kompositorischen Fähigkeiten weiter entwickelt. Er hat einen Master Abschluss in Dirigieren und Komposition. Mit der Ausbildung an der Juilliard School und seinen Erfahrungen in der Manhattan Jazz-Szene war es unvermeidlich, dass Paul seinen persönlichen Stil des Modern Jazz und der modernen Klassik entwickeln würde.

Im Jahr 1980 erhielt Paul den „National Endowment-Preis für Komposition und Arrangement".

1981 zog Paul dann nach Deutschland und begann mit Jazz-Kursen und Workshops in verschiedenen Musik-Gymnasien zu unterrichten. Er tourte öfter als Solopianist durch Deutschland, Frankreich, Spanien, Italien, Slowenien, Österreich, Schweden, England, Holland und die Tschechische Republik. Dort präsentierte er oft sein Programm „Die Geschichte des Jazz Klaviers". In den folgenden 10 Jahren hat Paul verschiedene Formationen gegründet. Neben seinem Blues spielte er auch seinen modernen Jazz im Trio und Quartett oder Solo in ausgewählten Clubs in Paris und London. Er war Gast vieler Jazz-Festivals in den 80er Jahren, z.B. in Darmstadt, Trier, Rottweil, Konstanz, Kaiserslautern, Reutlingen und in Bruck an der Mur.

Im Jahr 1992 führte ihn sein Weg dann an den Bodensee. In Konstanz gründete er die Band „Purple Elephant" und realisierte eine CD, die 12 Blues Melodien und Gesänge präsentiert. Die Band wurde später umbenannt in „Too Cold" und spielte häufig in Österreich und der Schweiz.

Seit 2003 arbeitet Paul mit Bernhard Stengele. Sie haben zusammen Abende von Poesie und Musik auf viele Bühnen gebracht. Vertonungen von Brecht, Heine und Hölderlin sind dadurch entstanden.

Im April 2005 folgte die Uraufführung seiner 8. Symphonie mit dem Kölner Damals und Heute Orchester unter der Leitung von Michael A. Willens in einer Aufzeichnung des WDR.

Im Jahr 2007 spielte die Südwestdeutsche Philharmonie sein „Hard Bop Concerto" für Orchester und Jazz Quartett, mit Paul am Klavier. In Würzburg folgte die Uraufführung seiner „Suite für Dantons Tod." Er vertonte 2007 zwanzig Brecht-Gedichte, und eine Kammeroper „Jazz den Bertolt" folgte. Er hat vor kurzem an der Wiener Akademie für darstellende Kunst, der Würzburger Musikhochschule und an der Mannheimer Hochschule für Musik Vorträge über seine neue Harmonielehre gehalten. 2009, am 31. Oktober, führte er vor ausverkauftem Saal im Wiener Konzerthaus seine Gershwin Variationen für Big Band und Kammerorchester auf.

Stefan Johannes Hanke

Stefan Johannes Hanke wurde 1984 in Regensburg geboren. Er absolvierte ein Kompositionsstudium bei Prof. Winbeck in Würzburg und bei Prof. Trojahn in Düsseldorf. Er erhielt Kompositionsaufträge für Kammermusik, Orchestermusik und Oper, unter anderem von Festivals wie dem „Heidelberger Frühling" und dem „A•DEvantgarde Festival", sowie vom Deutschen Musikrat. Er war Stipendiat des Freistaats Bayern an der „Cité des Arts" in Paris.

Seine Musik wird regelmäßig im In- und Ausland gespielt. Stefan Johannes Hanke lebt und arbeitet in Düsseldorf.

Katia Bouscarrut

Katia Bouscarrut wurde in Bordeaux, Frankreich, geboren. Sie studierte in Deutschland an der Hochschule für Musik in Würzburg in der Klasse von Prof. Matthies und an der Indiana University in Bloomington bei Prof. Hokanson Klavier und Liedbegleitung. In dieser Zeit erhielt sie mehrere Preise und Stipendien.

Sie konzertiert international als Solistin, ist eine gefragte Kammermusikpartnerin und Liedbegleiterin, und regelmäßig Gast auf diversen Festivals. Aufnahmen für Rundfunk und CD dokumentieren ihre pianistische Laufbahn.

Die Suche nach Ausdrucksmöglichkeiten in der Verbindung von Text und Musik ist ein wichtiges Element ihres künstlerischen Schaffens, nicht nur im Bereich der Liedbegleitung. So arbeitet sie häufig am Theater, als Komponistin von Bühnenmusik, Partnerin verschiedener Schauspieler in Balladen- und Liederabenden, und als Pianistin und musikalische Leiterin in Theaterstücken.

Seit mehreren Jahren unterrichtet sie an der Hochschule für Musik Würzburg die Fächer Klavier und Lied.

Milena Ivanova

Milena Ivanova wurde am 15. Juni 1990 in Krefeld in einer bulgarischen Musikerfamilie geboren.

Sie erhielt seit ihrem 7. Lebensjahr Violin- und Harfenunterricht, bis sie mit 14 beschloss, das Violoncello zu erlernen. Zwei Jahre später wurde sie an der Hochschule für Musik Würzburg als Vollzeitstudentin in der Celloklasse von Herrn János Török aufgenommen, wo sie zurzeit im 7. Semester studiert.

In den letzten Jahren nahm sie aktiv an Meisterkursen bei Professoren wie B. Greenhouse, D. Geringas, W. Boettcher und Detlef Mielke teil und studierte 2009/10 für ein halbes Jahr an der Music Academy in Budapest als Erasmus Austauschstudentin.

Sie hat Erfahrung auf dem internationalen Konzertpodium und ist oft bei Projekten des Schauspiels des Mainfranken Theaters Würzburg als Musikerin aktiv.

Anne Diemer

Die gebürtige Würzburgerin Anne Diemer erhielt ihre Schauspielausbildung an der Staatlichen Schauspielschule Stuttgart.

Bereits während ihrer Ausbildung wirkte sie bei Film– und Fernsehproduktionen mit, unter anderem im Münchener Tatort „Liebeswirren" und war in Gastrollen im Ludwigshafener und Konstanzer Tatort zu sehen.

Zurzeit ist sie als Kriminalkommissarin Eva Mayerhofer in der neuen RTL-Krimiserie „Countdown“ zu erleben.

2006 spielte sie am JES (Junges Ensemble Stuttgart) die Rolle der Bonnie in „Bonnie & Clyde“ von T. Richard (Regie: Klaus Hemmerle) sowie Guinevere in „King A“ (Regie und Konzeption: Inèz Derksen). 2007 war sie am Staatstheater Stuttgart als Cathleen in „Eines langen Tages Reise in die Nacht“ von Eugene O'Neill (Regie: Barbara David-Brüesch) zu erleben, wofür sie das Magazin „theater heute“ in der Kategorie als beste Nachwuchsschauspielerin nominierte. Weitere Rollen am Staatstheater Stuttgart waren Gudrun Ensslin in „Der Umschluß“ (Regie: Christian Hockenbrink) und Jane Worthington in „Außer Kontrolle“ von Ray Cooney (Regie: Katja Wolff).

In der Spielzeit 2008/09 war sie als Lucy in Brechts „Die Dreigroschenoper“ (Regie: Stephan Suschke) und als Charlotta Narboni in Schillers „Der Parasit“ (Regie: Bernhard Stengele) auf der Bühne des Mainfranken Theaters Würzburg zu erleben.

Seit der Spielzeit 2009/10 ist Anne Diemer festes Ensemblemitglied des Mainfranken Theaters und stand in Aischylos „Orestie“ als Elektra in den „Choephoren“ und als Erinnye in den „Eumeniden“ auf der Mainfrankenbühne. Im Musical „Goscior – der Zwischenweltler“ war sie als Maria zu erleben sowie in Neil LaButes „Das Maß der Dinge“ als Evelyn.

In der Spielzeit 2010/11 wirkt Anne Diemer in der Uraufführung „First Cut“ mit sowie in „Der zerbrochne Krug“ von Heinrich von Kleist als Eve.

Christina Theresa Motsch

In Hagen geboren, entschied sich Christina Theresa Motsch nach dem Abitur für Freiwilliges Soziales Jahr in Bombay, Indien. Ihre Schauspielausbildung absolvierte sie anschließend am Michael Tschechow Studio in Berlin. Erste Engagements führten sie an das Theaterforum Kreuzberg und an die Theaterburg Rosslau. Dort war sie unter anderem als Luxoria in Frieder Nögges „König Kasper“ oder als Julie in „Norway today“ von Igor Bauersima zu erleben. In „Der Kick“ von Andreas Veil verkörperte sie zehn verschiedene Rollen. Für die Theaterburg Rosslau stand sie in Aristophanes' „Frauenvolksversammlung“ und Shakespeares „Liebes Leid und Lust“ auf der Bühne. In der Spielzeit 2008/09 war sie als Amalia in Schillers „Die Räuber“ am Landestheater Altenburg zu erleben und für die Produktion „Die Bretter, die die Welt bedeuten“ arbeitete sie am Schauspielhaus Bochum.

Seit der Spielzeit 2010/11 ist Christina Theresa Motsch festes Ensemblemitglied am Mainfranken Theater Würzburg, wo sie als Charis in Heinrich von Kleists „Amphitryon“ ihr Debüt gab.

Darüber hinaus ist sie ab dem 12. Dezember 2010 in der Uraufführung „Das Mädchen aus der Streichholzfabrik“ zu sehen.

Andrea Jörg

Andrea Jörg wurde 1988 in Kempten (Allgäu) geboren.

Im Alter von 10 Jahren erhielt sie ihre erste Rolle und gesangliche Ausbildung im Ludwig II. Musical „Sehnsucht nach dem Paradies."

Neben der gesanglichen Ausbildung erhielt sie auch Klarinetten- und später Saxophonunterricht.

2006-08 besuchte sie die Berufsfachschule für Musik in Krumbach/ Schwaben.

Sie war in verschiedenen Rollen zu sehen, wie der Arsena in „Der Zigeunerbaron" von J. Strauß und der Clara in dem von Kurt Gäble komponierten Musical „Franziskus."

2008 begann sie ihr Gesangsstudium bei Prof. Monika Bürgener an der-Musikhochschule Würzburg.

In dieser Zeit konnte sie bei Poulencs „Die Brüste des Tiresias", Purcells „The Fairy Queen", Menottis „Die alte Jungfer und der Dieb", Stravinskys „The Rake's Progress" und Cimarosas „Der Operndirektor" im Rahmen der Opernschule mitwirken.

Seit der Spielzeit 2009/10 gastiert sie am Mainfrankentheater Würzburg.

U.a. in der Operette „Im Weißen Rössel" von R. Benatzky und aktuell in der Oper „Le nozze di Figaro" von W. A. Mozart.

Eva-Maria Wurlitzer

Aufgewachsen in einer Familie mit langer musikalischer Tradition, studierte Eva-Maria Wurlitzer zunächst Klarinette an den Musikhochschulen Würzburg und Leipzig.

2005 folgte sie ihrem Herzenswunsch und begann ihr Gesangsstudium als Mezzosopran bei Prof. Monika Bürgener und Prof. Leandra Overmann, Hochschule für Musik Würzburg.

An der dortigen Opernschule durfte sie in zahlreichen Opernaufführungen erste Bühnenerfahrungen sammeln.

Es folgen Gastengagements an die Staatsoper Hannover, dem Theater Freiburg, dem Mainfrankentheater Würzburg und der Oper Halle.

Sie ist Stipendiatin des Richard-Wagner-Verbandes Würzburg.

Zu ihren Partien gehören die Großmutter sowie Salud „La vida breve" – M. de Falla, die Suora Zelatrice „Suor Angelica" – G. Puccini, die Mutter sowie die Hexe „Hänsel und Gretel" – E. Humperdinck, Dinah „Trouble in Tahiti" – L.Bernstein , Ghita „Der Zwerg" – A. Zemlinsky, Magda „Der Konsul" – G. Menotti, die Dritte Dame „Die Zauberflöte" – W. A. Mozart, Prinz Orlofsky „Die Fledermaus" – J. Strauss, Baba the Turk sowie Mother Goose „The Rake's Progress" – I. Strawinsky, Flosshilde „Der Ring des Nibelungen" – R. Wagner und Schwertleite „ Die Walküre" – R. Wagner.

Anna-Kathrin Berger wurde in Coburg geboren. Mit sechs Jahren erhielt sie den ersten Klavierunterricht und erlernte später noch Trompete und Oboe. Frühe Bühnenerfahrungen sammelte sie im Kinderchor des Landestheaters Coburg, wo sie bei zahlreichen Produktionen in Musiktheater und Schauspiel mitwirkte.

Nach ihrem Abitur begann sie zunächst ein Magisterstudium der Philosophie, Italienisch und Musikwissenschaft, bevor sie ihr Gesangsstudium an der Hochschule für Musik Würzburg aufnahm. Sie studierte bei Frau Prof. Monika Bürgener und bei Frau Prof. Leandra Overmann und absolvierte erfolgreich das Opern- und Konzertdiplom. Zurzeit führt sie ihre Studien in der Fortbildungsklasse bei Frau Prof. Leandra Overmann fort.

Als Mitglied der Opernschule Würzburg nahm sie bereits an etlichen Produktionen teil.

Zu ihrem Repertoire gehören Partien wie Tigrana „Edgar" von Puccini, Mutter und Hexe „Hänsel und Gretel" von Humperdinck, Prinz Orlovsky „Die Fledermaus" von Strauß, Messaggiera und Speranza „Orfeo" von Monteverdi, Sekretärin „Der Konsul" von Menotti, Parascha „Mavra" von Strawinski und Xanthippe „Der geduldige Sokrates" von Telemann. Gastengagements führten sie an die Bayerische Kammeroper, wo sie zuletzt als Zweite Dame und Zweiter Knabe in Mozarts „Zauberflöte" und als Methurine in Glucks „Der bekehrte Trunkenbold" zu hören war, sowie an das Stadttheater Freiburg.

Anna-Kathrin Berger war mehrfach 1. Bundespreisträgerin bei „Jugend musiziert" und ist Stipendiatin des Richard-Wagner-Verbandes Würzburg. Sie wurde mit dem Förderpreis der Deutschen Johann-Strauss-Gesellschaft und dem Kulturförderpreis der Stadt Coburg bedacht.

Inhalt

Rosa Grimm
Vorwort ... 5

Gedichte ... 11
Eva ... 13
Sabbath ... 14
Nachtigallenlied ... 15
Sommerregen ... 16
Schlafgesang ... 17
An die Nacht ... 18
Oktober ... 19
Die Teppichknüpferin ... 20
Grillengesang ... 22
Die Wolken ... 23
Regenwind ... 24
Abendschatten ... 25
Die Tauben ... 26
Lied des Vagabunden ... 27
Später Herbst ... 28
Stiller Tag ... 29
Nacht über der Grossstadt ... 30
Sommerhagel ... 31
Die Amme ... 32
Die Liebenden ... 34
Der alte Dichter ... 35
Verfallender Garten ... 36
Schneenacht ... 37
Vorfrühling ... 38
Abendlied ... 39
Die Vorhut ... 40
Wachsendes Licht ... 41
Kindheit ... 42
Mittag ... 43
Laue Nacht ... 44
Ritornell ... 45
Romanze ... 46
Traumbild ... 47

Pieta im Frühling ... 48
Trauriger Abend ... 49
Die Korallenschnur ... 50
Trost ... 51
Lebenslied ... 52
November ... 54
Die Verbitterte ... 55
Die Komödiantin ... 56
Zur Nacht ... 57
Winter ... 58
Der Dichter ... 59
Sonett ... 60
Das Mädchen ... 61
Wintermond ... 62
ich komm vom goldnen Mittelwege ... 63
Abwärts ... 64
Neige ... 66
Siciliane ... 67
Dummling ... 68
Die Alternde ... 69
Soldatenfrau. ... 70
Abendlied (II) ... 71
Europa ... 72
Jeanne d'Arc ... 73
Mahnung ... 74
Ein Mädchen singt ... 75
Faltertod ... 76
Hirtensommer ... 77
Diana ... 78
Die Einsame ... 79
Hundstage ... 80
Narziss ... 81
Unsicherheit ... 82
Vergänglichkeit ... 83
Dämmerung ... 84
Die Sklaven ... 85
Eine Art privaten Kalenderspruch für meinen verflossenen Tag ... 86
Der Mensch, der eine Hoffnung hegt ... 87
„Stossseufzer“ ... 88
Herbst ... 89

Niobe 90
Erkenntnis 91
Trübsinn 92
Einem Toten 93
Gleichnis (Für Dich) 94
Odysseus 95
Der Dulder 96
Pause 97
Die Tauben flattern schwer vom Gesimse 98
Spätsommer 99

Prosa 101
Märchen von den vier Brüdern
(„Der Morgen" Heft Juni 1938, S.121-124) 103
Was haben Sie zum Thema Frau zu sagen?
Ein Märchen als Antwort
(C-V Zeitung v. 23.06.1938) 106
Die Freundschaft
(Brief an J. P. v. 16.06.1939) 108
Unsterblichkeit
(Brief an J. P. v. 16.06.1939) 109
Der Mensch
(Brief an J. P. v. 16.06.1939) 111
Der Tod
(Brief an J. P. v. 16.06.1939) 112
Der Geist
(Brief an J. P. v. 16.06.1939) 113
Die Puppen
(Brief an J. P. o. D.) 115
Aprilvormittag
(Brief an J. P. v. 28.03.1940) 120

Bildtafeln 123

Briefe an Jakob Picard (Ausschnitte) 141

Bernhard Stengele
Marianne Dora Rein – eine moderne Dichterin 169

Danksagungen 173

Biografien 175

Die CD

1 Brief 26.12.1939
2 Eva (D)
3 *Eva*
vertont von P. Amrod (W, I, B)
4 Brief 01.06.1940 (M)
5 *Sabbath*
vertont von P. Amrod (J, I, B)
6 Regenwind (M)
7 Abendschatten (M)
8 *Abendschatten*
vertont von P. Amrod (Ber, I, B)
9 Brief 08.07.1940 (D)
10 Brief 16.07.1940 (M)
11 Nacht über der Großstadt (M)
12 Kindheit (D)
13 Traumbild (D)
14 Brief 23.07.1940 (D)
15 Brief 08.08.1940 (M)
16 Die Komödiantin (M)
17 Brief 11.12.1940 (D)
18 Das Mädchen (M)
19 *Lied ohne Worte*
von S. Hanke
20 Das Mädchen (D)
21 Brief 18.02.1941 (M)
22 Brief 20.03.1941 (D)
23 Dummling (D)
24 Europa (D)
25 Brief 06.04.1941 (M)
26 Ein Mädchen singt (D)
27 Brief 19.04.1941 (D)
28 Brief 23.04.1941 (D)
29 Der Mensch, der eine
Hoffnung hegt (M)
30 Stossseufzer (D)
31 Brief 31.05.1941 (M)
32 Brief 08.06.1941 (D)
33 Brief 07.07.1941 (M)
34 Brief 03.08.1941 (D)
35 Pause (M)
36 *Pause*
vertont von M. Wolf (J, W, I, B)
37 Einem Toten (M)
38 Brief 16.08.1941 (D)
39 Niobe (D)
40 *Niobe*
vertont von M. Wolf (J, Ber, I, B)
41 Brief 07.10.1941 (M)
42 *Sabbath*
vertont von M. Wolf (J, W, I, B)

Kürzel:

B = K. Bouscarrut
I = M. Ivanova
D = A. Diemer
M = Ch. Th. Motsch
Ber = A.-K. Berger
J = A. Jörg
W = E.-M. Wurlitzer

Zeitfracht Medien GmbH
Ferdinand-Jühlke-Straße 7
99095 Erfurt, Deutschland
produktsicherheit@kolibri360.de